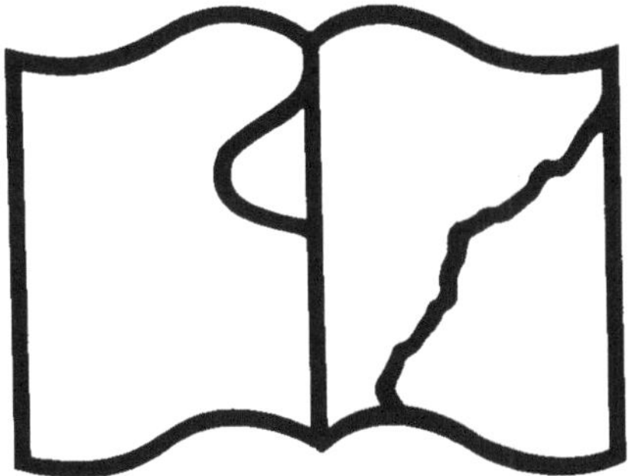

Texte détérioré — reliure défectueuse

NF Z 43-120-11

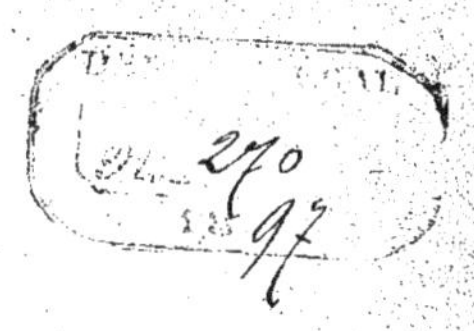

F. MARCEVAUX

Du Char Antique
à
l'Automobile

LES SIÈCLES DE LA LOCOMOTION ET DU TRANSPORT
PAR VOIE DE TERRE

OUVRAGE ILLUSTRÉ DE NOMBREUSES GRAVURES

MAISON DIDOT

FIRMIN-DIDOT ET Cⁱᵉ, ÉDITEURS

IMPRIMEURS DE L'INSTITUT, 56, RUE JACOB

PARIS

Du Char antique

à l'Automobile

TYPOGRAPHIE FIRMIN-DIDOT ET Cⁱᵉ. — MESNIL (EURE). — 6589.

Saïs ou coureurs, en Égypte.

F. MARCEVAUX

Du Char Antique
à
l'Automobile

LES SIÈCLES DE LA LOCOMOTION ET DU TRANSPORT
PAR VOIE DE TERRE

OUVRAGE ILLUSTRÉ DE NOMBREUSES GRAVURES

MAISON DIDOT

FIRMIN-DIDOT ET Cie, ÉDITEURS

IMPRIMEURS DE L'INSTITUT, 56, RUE JACOB

PARIS

INTRODUCTION

Tous les phénomènes sont soumis à des lois générales qui les enchaînent, et c'est ainsi — pour nous en tenir aux seuls facteurs de la locomotion et du transport, sujet du présent livre — que nous voyons l'homme, les animaux et les machines nées de l'industrie humaine, dépendre du MOUVEMENT *qui est essentiel à la nature entière.*

En effet, tout ce que perçoivent nos sens change et progresse : l'air, le feu, la terre, l'eau, et tout ce qu'ils contiennent. Et tout ce qui est en suspens dans l'air, tout ce qui est altéré par le feu, tout ce qui vit sur terre, tout ce qui est immergé dans l'eau, changeant à son tour, est dominé par le mouvement d'autres mondes où des transformations s'accomplissent.

Nous ne nous étendrons pas ici sur ces modifications, qui, selon les êtres qu'elles affectent, sont de nature et de conséquence variables : tantôt manifestes, tantôt latentes, tantôt passives, tantôt raisonnées et conscientes.

Les moyens inventés par l'homme pour se transporter sur terre et communiquer avec ses semblables, suffiront à nous dicter quelques considérations générales sur les révolutions que ces moyens ont accomplies, révolutions plus ou moins soudaines, plus ou moins directes, et dont l'effet, nous devons l'espérer, constituera un jour dans la conscience morale des peuples un rapprochement spontané, une entente pacifique, comme nous avons vu des intérêts communs à plusieurs nations en former déjà.

Un publiciste éminent, **M. A.** *de Foville* (1), *a dit que l'effet essentiel auquel aboutissent tous les progrès réalisés en matière de transport est de* réduire les distances; *non qu'entre deux points donnés du globe, le même nombre de lieues ou de kilomètres ait changé :* « *C'est en tant qu'obstacle aux attractions réciproques des hommes et des choses que la distance peut être assimilée à une décroissance variable. Ainsi, rien n'est plus curieux que de voir la grande France d'il y a deux cents ans se réduire progressivement, se rétrécir peu à peu comme la peau de chagrin de Balzac, et ne plus présenter, à la fin du dix-neuvième siècle, qu'une surface six ou sept fois moindre qu'au temps de Louis XIV. Il en est de même des autres États, dont les frontières ne sont pas moins resserrées que les nôtres; et à voir les continents fondre, pour ainsi dire, on se défendrait mal d'une sorte d'effroi si l'on n'avait la ressource de retourner les proportions et de se dire qu'en somme, ce n'est pas la terre qui est devenue petite, mais l'homme qui est devenu grand.* »

Cette réduction fictive des distances est due à l'amélioration et à la création nouvelle : 1° des voies de communication; 2° des moteurs; 3° des véhicules.

(1) L'Industrie des Transports. *Gauthier-Villars, édit.*

Même en laissant de côté les voies ferrées ainsi que les perfectionnements apportés à la navigation intérieure, maritime ou aérienne, comme étrangers au programme que nous nous sommes tracé, nous voyons la locomotion trouver des facilités de plus en plus appréciables par la multiplication des routes, leur entretien, leur réfection, et dans les grands centres de population, par le percement de rues, par l'établissement de boulevards larges et directs.

Au point de vue du moteur, ce n'est plus à l'animal, que l'homme réclame ce précieux « coup de collier » dont il avait tant besoin lorsqu'il s'attelait lui-même au traîneau ou à la voiture : c'est à la machine, à la force produite par le charbon et l'eau, le pétrole ou l'électricité.

Quant aux appareils du transport, aux véhicules qui parcourent aujourd'hui nos chaussées, ils répondent par la variété de leurs formes aux usages les plus divers et leur nombre est incalculable, depuis le lourd fardier jusqu'à la svelte charrette anglaise, depuis la brouette du maçon jusqu'au cycle du sportman, depuis l'omnibus à quarante places jusqu'à la wagonnette automobile.

Tant de progrès ne se sont pas accomplis, sans produire à la fois dans l'industrie des transports, plus de rapidité, plus d'économie et moins de risques.

Examinant ces trois faces du problème, M. de Foville donne des chiffres dont l'éloquence peut se passer de commentaires : Au dix-septième siècle la vitesse moyenne des voitures publiques, arrêts compris, était de 2 kilom. 2 par heure ; elles atteignirent

3 *kilom.* 4 *à la fin du dix-huitième,* 4 *kilom.* 3 *en* 1814, 6 *kilom.* 5 *vers* 1830 *et* 9 *kilom.* 5 *vers* 1848. *Sur les chemins de fer, comme sur les routes, l'accélération a été progressive, et tandis que la première locomotive de Stephenson faisait à peine* 6 *kilom.* 5 *à l'heure, nos « rapides » atteignent de* 18 *à* 20 *lieues, comme vitesse moyenne, et les dépassent à certains moments du parcours.*

« *Si les distances se mesurent en heures, elles se mesurent aussi en argent, et dans la majorité des cas, le voyageur, avant de se mettre en route, l'expéditeur, avant de faire un envoi, se préoccupent encore moins de la durée du trajet que de la somme à débourser. Si donc les prix s'étaient accrus en même temps que les vitesses, nous serions loin d'avoir l'impression que les distances se sont réduites. Mais la réduction des prix a presque toujours marché parallèlement avec l'accroissement des vitesses.* »

Nous voyons qu'en France, il y a seulement un siècle, le transport de la tonne de marchandises revenait à 0 *fr.* 50 *centimes par kilomètre; aujourd'hui il coûte environ* 0 *fr.* 06. *Pour le transport des personnes les réductions de prix sont également considérables; la dépense par voyageur qui était au dix-huitième siècle de* 0 *fr.* 14, *tarif minimum par kilomètre, est abaissée actuellement à* 0 *fr.* 0493. *Dans d'autres pays ces chiffres sont encore plus réduits.*

En ce qui concerne les accidents de personnes causés par l'industrie des transports, si leur nombre est plus considérable qu'autrefois, c'est que le nombre des voyageurs est infiniment plus grand. Cependant, de 1884 *à* 1887, *on ne comptait sur l'ensemble des chemins de fer français qu'une personne tuée sur* 100 *mil-*

lions de voyageurs. Pour les marchandises, on a constaté qu'elles parvenaient à destination avec beaucoup moins d'avaries qu'autrefois.

Accroissement des vitesses, abaissement du prix et sécurité des voyages, tels sont donc les effets directs que nous devons aux progrès réalisés en matière de transports. Quant aux effets indirects, ils sont multiples. M. de Foville parvient à les énumérer, et rangeant parmi eux la mobilité croissante des hommes et des choses, il constate avec raison que ces mille déplacements opérés chaque jour, ont créé dans le monde civilisé une situation absolument nouvelle. Ce sont entre les peuples, entre les continents, des migrations temporaires ou définitives, dans un même peuple, une poussée formidable vers les villes, au delà des mers, une mise en coupe réglée des pays neufs.

De tels mouvements aboutissant au nivellement du prix des choses et du prix de la terre, ne sauraient être, cela va sans dire, du goût de tout le monde. Les cultivateurs, notamment, ont eu à subir une redoutable concurrence dans l'importation toujours croissante des produits venus d'Amérique. S'il faut en attribuer l'inconvénient aux progrès réalisés dans les moyens de transport on peut répondre à cela que les mêmes progrès facilitent le voyage des amendements et des engrais qui permettent eux-mêmes la culture intensive, les essais, l'exploitation rationnelle des terres.

Quant à l'industrie, jusqu'à présent elle n'a qu'à se louer de la réduction progressive des distances : le rayon des approvisionnements des matières premières qui alimentent les usines s'est étendu au point d'embrasser parfois le globe tout entier et la clientèle s'est développée dans toutes les directions. En quarante ans la valeur des usines françaises a presque triplé.

Cette extension n'a pas été moins heureuse pour le commerce. Les transactions de la France avec l'étranger ont plus que décuplé depuis 1789; dans le même intervalle les Anglais ont accru leur trafic extérieur dans la proportion de 1 à 25. En totalisant les importations et les exportations de toutes les parties du monde, on arrive actuellement à un chiffre total de 90 milliards de francs environ.

Enfin, cette grande révolution de transports a retenti forcément dans toute l'économie sociale et dans toutes les manifestations de notre activité intellectuelle et morale. Il est vrai, comme l'a dit Guizot, que « la facilité, la rapidité, l'universalité des communications sont au service du bien comme du mal, de l'erreur comme de la vérité ». Mais comment saurions-nous maudire un progrès auquel nous devons le plaisir propre des voyages, plaisir qui améliore, agrandit l'homme, en le faisant participer à la vie de toutes les choses qui passent, et laissent en passant un sillage d'où s'élève, exaltée et durable autant que l'homme, la seconde vie du souvenir?

F. M.

DU CHAR ANTIQUE

A L'AUTOMOBILE

CHAPITRE I

LES VOIES DE COMMUNICATION

Avant de parler des instruments de la locomotion, il est rationnel de consacrer un chapitre aux surfaces de niveau sur lesquelles l'homme fait mouvoir ses propres organes locomoteurs, aux voies sur lesquelles il dirige les animaux dressés à son service ainsi que les véhicules qu'il affecte, selon son gré, à la traction animale ou à la traction mécanique.

Les premières voies de communication ont été, cela va de soi, les chemins battus sous le pied des premiers humains en quête d'une source, d'un ombrage, d'un poste favorable à l'affût ou au repos. A cet effet, certains animaux ne sont pas inférieurs à l'homme primitif, les éléphants entre autres, qui, dans les épaisses forêts du « continent noir », tracent de véritables chemins, en brisant avec leur trompe et en foulant aux pieds tout ce qui fait obstacle à leur passage.

Mais il ne s'agit pas là de route : l'idée de route semble aussi devoir renfermer celle d'une voie où l'on peut rouler en voiture; cette définition paraît même donner l'étymologie du mot qui serait alors *rota* (roue); en preuve de quoi l'on peut citer la personnification que les anciens avaient faite des voies publiques, sous la figure d'une femme appuyée sur une roue.

Les plus anciennes routes dont parle l'histoire sont celles que Sémiramis, cette légendaire reine d'Assyrie, fit pratiquer dans toute l'étendue de son empire, en abattant pour cela des collines et même des montagnes, et comblant des vallées. Suivant Isidore, les Carthaginois sont les premiers qui aient pavé leurs routes.

Les *voies romaines* ont été le sujet de dissertations et de méprises qui, à force d'être répétées de livre en livre, ont fini par passer pour des vérités avérées et des faits certains. On affirme avec une entière confiance que tous ces grands travaux furent exécutés par les légions romaines; et cette assertion, qui ne repose sur le témoignage d'aucun des écrivains qui ont le mieux fait connaître l'organisation et le service des légions, obtient cependant assez de crédit. On ne devrait pourtant pas ignorer que dans les provinces éloignées de Rome, même dans les Gaules, les travaux publics ordonnés par les préfets étaient exécutés au moyen de corvées imposées aux populations, et que les soldats romains n'y prenaient part que pour maintenir l'ordre parmi les travailleurs et punir les paresseux. Ces guerriers, accoutumés à faire des empereurs, et qui, lorsqu'ils étaient à Rome, dédaignaient de monter jusqu'aux étages habités par les classes laborieuses, ne se seraient pas abaissés jusqu'aux métiers de pionnier et de terrassier.

On trouve des traces de voies romaines dans presque toutes les provinces de France, en Italie, en Allemagne, en Espagne, en Asie Mineure, etc. Ces routes sont généralement en lignes droites et ont peu de largeur. Leur construction se compose de plusieurs couches de pierres battues dans du mortier et formant ainsi un mélange inaltérable. Ces couches sont établies en contre-bas du sol voisin; seule, la couche supérieure s'élève au-dessus. Dans le nord de la France, elle se compose de pierres calcaires assez petites; dans le midi et le centre, le pavé est formé de gros blocs irréguliers, souvent en granit ou en pierre volcanique; ils sont parfaitement joints. Les bas côtés de la voie étaient formés avec la terre provenue des travaux nécessaires à l'encaissement.

Peu de pays offrent plus de difficultés que le nôtre pour l'établissement de bonnes routes, en raison de l'inégalité du sol et par suite de l'usage qui s'introduisit dès l'origine de la monarchie d'établir les centres de population autant que possible sur des hauteurs, dans des endroits d'un accès difficile, et dès lors plus faciles à défendre.

Aussi pendant longtemps peu de peuples eurent-ils de plus mauvaises routes que le peuple français. Cependant, il faut rendre à quelques-uns de nos premiers rois la justice qui leur est due; et l'on ne doit pas oublier que Dagobert et surtout Charlemagne, s'appliquèrent à régler par des ordonnances assez nombreuses la police des chemins; mais les troubles qui, pendant des siècles entiers, ne cessèrent d'agiter la France ne permirent pas que la législation prît à cet égard le développement qu'elle devait avoir. Aussi voit-on, même dans le quinzième et le seizième siècle, qu'un voyage de quelques lieues était une entreprise de la plus haute importance, qui trop souvent présentait les dangers les plus réels.

Sous Philippe-Auguste, Paris eut pour la première fois des chemins et des rues dignes de ce nom. Les sages dispositions des capitulaires de Charlemagne furent alors renouvelées, et la garde des chemins fut confiée à des officiers spéciaux, chargés exclusivement de la police; mais les abus qui furent commis par la suite dans l'exercice de ces fonctions en fit opérer la suppression.

Sous Henri IV il fut créé, en 1599, un office de *grand-voyer*, qui fut supprimé par Louis XIII, en 1626, époque à laquelle la juridiction sur les chemins passa aux trésoriers de France, en même temps que paraissait la première organisation d'une administration des ponts et chaussées, placée sous les ordres d'un directeur général, qui était le chef d'un grand nombre d'inspecteurs et d'ingénieurs répandus sur tous les points de la France. Du reste, il était déjà passé en principe que chaque ville devait fournir de ses deniers à la réparation des chemins ouverts sur son territoire.

Ce n'est qu'en 1739 qu'il se forma une administration régulière des ponts et chaussées, avec les contrôleurs des finances pour ministres. Elle fut redevable de son organisation à Daniel Trudaine, intendant des finances, et à Perronet, premier ingénieur, qui fondèrent une école et imprimèrent aux travaux publics un grand développement.

C'est alors que l'on activa la construction de ces routes colossales, entièrement pavées et mesurant, y compris les bas côtés, jusqu'à 14 mètres de largeur. Ce fameux « pavé du roi » ne manque pas, hélas ! aux environs de Paris, où il est la terreur des cyclistes, des promeneurs en voiture, et même des charroyeurs, et l'on se demande pourquoi il existe encore.

La vérité est que les voies de terre furent beaucoup trop négligées dans un temps où les voies ferrées avaient pris toute l'importance. On laissait les routes prendre peu à peu l'aspect, en miniature, d'un pays ravagé par un cataclysme.

Or maintenant que le réseau des chemins de fer français commence à couvrir notre territoire ainsi qu'une gigantesque toile d'araignée, et que d'autre part le cyclisme et l'automobilisme ont remis à la mode les voyages sur route, il est nécessaire que l'entretien et l'amélioration des voies deviennent l'objet de soins moins intermittents.

La voirie se divise en France, en *Grande Voirie* et *Petite Voirie*. La grande voirie comprend les *Routes nationales* (entretenues par l'État) et les *Routes départementales* (dont l'entretien est soumis aux budgets départementaux). La petite voirie comprend la *voirie urbaine*, la *voirie vicinale* et la *voirie rurale*. Par urbaine et rurale, on entend les chaussées des villes et des villages. La voirie vicinale comprend les *chemins vicinaux de grande communication*, les *chemins vicinaux d'intérêt commun* et les *chemins vicinaux ordinaires*.

Toutes ces distinctions deviennent fort compliquées dans la pratique : les procès suscités par la question des responsabilités au sujet de l'entretien des voies, ne sont pas rares. Aussi, ne sommes-nous pas seul à souhaiter que les Chambres votent sans retard la loi qui consisterait à soumettre l'entretien des voies de France à une seule administration. L'état de nos routes gagnerait peut-être à cette centralisation.

Voici, en attendant la réalisation de nos vœux, un tableau donnant l'état de la longueur des voies d'après les dernières statistiques.

ROUTES NATIONALES.	A L'ÉTAT D'ENTRETIEN.			EN LACUNE.	TOTAL.
	Chaussées empierrées ou macadamisées.	Chaussées pavées et autres.	Total.		
	kil. m.	kil. m.	kil. m.	kil. m.	kil. m.
	35.467,589	2.430.308	37.897,897	176,142	38.074,039

ROUTES DÉPARTE-MENTALES.		kil. m.
	Déclassées (1). Longueur au moment du déclassement .	30.836,274
	Restant dans le service ordinaire	18.672,174

CHEMINS VICINAUX.				
	Chemins de grande communication.	État d'entretien ou de viabilité.	kil. m. 141.370,208	kil. m.
		Construction	768,460	143.667,796
		Lacune.	1.529,119	
	Chemins d'intérêt commun.	État d'entretien ou de viabilité.	75.970,343	
		Construction	2.152,579	83.276,221
		Lacune.	5.153,299	
	Chemins vicinaux ordinaires.	État d'entretien ou de viabilité.	261.146,838	
		Construction	15.348,846	380.140,027
		Lacune.	103.644,343	
		TOTAL.		607.084,044

(1) On tend déjà à simplifier le système de la voirie en faisant entrer les routes départementales dans la classe des chemins vicinaux.

Une question encore controversée est celle de savoir si les plantations d'arbres le long des routes sont nuisibles ou utiles à la conservation de ces routes; il semble qu'en comparant l'état presque constant de dessiccation des routes dépourvues d'arbres avec l'état d'humidité permanent de celles qui traversent des bois, tout voyageur peut trancher la difficulté.

La plupart des routes françaises sont construites en *macadam*. Ce nom est celui d'un ingénieur anglais qui, au commencement de ce siècle, construisit et surtout répara au moyen de l'empierrement, les routes de son pays. Le système de Mac-Adam passa en France où il eut aussi un grand succès. C'était du reste encore une invention française qui nous revenait par l'Angleterre : l'honneur en appartient à Trésageur, inspecteur général des ponts et chaussées sous Louis XVI, qui la mit en usage dès cette époque.

Dans le système du macadamisage, dont l'axiome est qu'une route, construite artificiellement, ne peut jamais être meilleure que le sol naturel lorsqu'il est dans un état parfait de sécheresse, état où il a la fermeté nécessaire pour résister au poids des grosses voitures, on ne donne aux chaussées qu'une courbure peu prononcée, et on s'attache à rendre et à maintenir sèche, la surface du sol sur lequel la route est établie. Les matériaux qu'on emploie se composent exclusivement de pierre parfaitement pure, sans aucun mélange de matières terreuses, ce qui exclut l'usage des accotements en terre, exige que la chaussée occupe toute la largeur de la route et implique le rejet de toute couche inférieure de grosses pierres, qui pourraient dans leurs interstices fournir passage à l'eau. Les pierres ou cailloux doivent être disposés de manière à s'unir par leurs surfaces anguleuses et à former un corps ferme, compact et impénétrable. L'économie qui résulte de la double suppression de la fondation et des bords de chaque route, compense bien au delà l'augmentation de dépenses qui résulte du cassement de la pierre en petits fragments. La couche de cailloutis varie de 15 à 30 centimètres. On obtient une liaison tout à fait intime en mélangeant avec les cailloux brisés du sable fin ou, mieux encore, des pierres très tendres.

Une route nouvellement macadamisée est à peine praticable : les voitures ne peuvent la parcourir que très lentement et avec une grande dépense de force. Les roues creusent des ornières et broient une grande partie des matériaux, qui passent à l'état de poussière et de boue, et qu'on se voit forcé de renouveler ; les ornières se reproduisent souvent ; et ce n'est qu'à la longue, et à force de soins et de dépenses, que les divers éléments de la chaussée finissent par se lier et former une masse résistante et compacte.

Pour remédier à ces graves inconvénients on a recours aux *rouleaux compresseurs*. Ces rouleaux en fonte, de 1^m,50 de largeur sur 2 mètres de diamètre, chargés de 6 à 8.000 kilogrammes, passant à plusieurs reprises sur les chaussées, forcent les pierres à s'enchevêtrer les unes dans les autres. En même temps on arrose la route à grande eau, et les matières réduites en poussière, remplissent tous les interstices. Il est nécessaire de passer plusieurs fois les rouleaux compresseurs sur chaque partie de la chaussée pour la rendre parfaitement praticable.

Le macadam donne d'excellents résultats sur les grandes routes, l'expérience ayant démontré que si les routes pavées étaient plus commodes pour les voitures allant au pas, les routes macadamisées étaient d'un moindre tirage pour les voitures allant au trot.

Mais dans les grands centres de population, dans Paris et la banlieue, par exemple, le macadamisage coûtant fort cher d'entretien par suite du défoncement rapide des voies, on revient au *pavé*, en *grès*, en *porphyre*, ou en *bois*. Le pavé de grès ou de porphyre, cette dernière matière, très dure, est employée de préférence, se taille en cubes moins gros qu'autrefois ou en parallélipipèdes encore plus petits; sa surface plate et non convexe comme l'ancien pavé, est plus carrossable, il n'offre pas ces inégalités et ces bassins en miniature où séjournent les flaques d'eau.

Le pavé de bois est d'invention plus récente.

On annonçait en 1875, que la perspective Newski, à Saint-Pétersbourg, était divisée en bandes parallèles sur lesquelles on faisait l'essai de différents systèmes de pavage. Un grand nombre des rues de cette capitale étant pavées en cailloux, les véhicules légers dont se servent les Russes, emportés par leurs chevaux rapides, y éprouvent les plus désagréables secousses; ils cherchaient donc à remplacer les cailloux par un autre genre de pavé. Les essais de la perspective Newski comprenaient le grès, l'asphalte, le macadam, les larges dalles de pierre, semblables à celles qu'on emploie pour les trottoirs, le pavé de bois. Le système qui paraissait devoir donner les meilleurs résultats consiste à enduire d'une solution de goudron des pavés octogones en bois de sapin et à les juxtaposer de manière à obtenir une adhérence complète. Ce fut celui qui obtint les suffrages.

Le pavage en bois existe depuis longtemps en Amérique, aux États-Unis, notamment. Mais les peuples d'outre-océan se montrant peu difficiles quant au raffinement de leurs voies, les pavés de leurs villes sont faits de troncs d'arbres sciés à contre-fil et posés tels que, les uns à côté des autres; les interstices sont bouchés avec du ciment.

A Paris, les pavés de bois ont la forme de parallélipipèdes et reposent sur fond de ciment. Les Parisiens ont fort à se louer de ce système de pavage qui produit peu de boue, peu de poussière, et amortit le bruit des voitures et des sabots de chevaux.

L'*asphalte*, également employé dans les villes pour l'établissement des chaussées, est un bitume qui existe naturellement à l'état solide. Son nom lui vient du grec *asphallos*, nom que les anciens donnaient à toute espèce de bitume ou de ciment naturel. Il existe des mines d'asphalte en Suisse et en France.

Dans la construction des chaussées, on ne fait pas fondre l'asphalte comme pour les trottoirs. On l'échauffe seulement après l'avoir réduit en poudre et on le comprime sur la surface de la rue à l'aide d'instruments en fonte préalablement chauffés.

Imperméable à l'eau, l'asphalte sèche tout de suite; il n'engendre ni boue, ni poussière, un simple lavage rend la voie publique parfaitement propre. Plus résistant, plus durable que le pavé de bois, son seul inconvénient est d'occasionner le glissement des chevaux quand le temps est humide. On y remédie en le couvrant de gravier lancé à la volée.

En Angleterre, on a essayé le pavage en caoutchouc, mais ce ne pouvait être qu'une fantaisie d'un moment, le caoutchouc étant, de par la variété de ses applications, d'un prix trop élevé pour que son emploi comme pavage passât dans la pratique.

Dans un grand nombre de localités de France où le grès manque, on emploie encore aujourd'hui les cailloux roulés ou galets, un mode de pavage qui éprouve durement les pieds et les chaussures.

Châteauroux et quelques villes du même département, ou des départements voisins, se servent de la pierre meulière. En Auvergne, on emploie les roches volcaniques; c'est également le pavé de Naples et de Florence. La brique, convenablement durcie, et placée de champ, forme en partie le pavé de Rome, de Venise, de certaines provinces de la Hollande et du nord de l'Allemagne.

On conçoit que de telles différences dans la matière des voies de communication puissent occasionner pour les véhicules destinés à les parcourir, des vitesses très variables et subordonnées au coefficient de résistance produit par la nature même de ces voies. Lorsque celles-ci sont parfaitement unies, l'effort pour déplacer un véhicule n'est rien à côté de la force requise pour actionner le même véhicule sur un mauvais pavé, toute trépidation occasionnant un temps de saut sur place, d'où décroissance de vitesse et déperdition de force (1).

Un des mérites de l'adaptation des caoutchoucs pneumatiques

(1) Voici d'après James Jackson, un tableau des vitesses exprimées en mètres par seconde, et mis à jour par nous.

Homme au pas, 4 kilomètres à l'heure		1 m. 12
— 6 —		1 m. 66

aux roues des voitures consiste en ce que ce caoutchouc se façonne aux aspérités du sol, passe sur les cailloux sans les écraser, tandis que les roues cerclées de fer doivent en présence d'un obstacle, l'écraser ou le franchir en retombant de l'autre côté avec un cahot. De là une série de trépidations et de dépense de force inutile.

Avant l'application de l'appareil pneumatique aux roues , M. Poncelet avait établi des calculs indiquant les rapports du frottement à la pression, dans le cas du roulement des surfaces cylindriques (les roues) sur des surfaces de niveau (les routes) pour les roues de voitures garnies en fer; ces chiffres sont suffisamment éloquents : Voiture cheminant sur une chaussée en sable et cailloutée à nouveau, 0,0634: sur une chaussée macadamisée, à l'état ordinaire, 0,0414; sur une chaussée macadamisée en parfait état, 0,0150; sur une chaussée en pavé bien entretenu, au pas, 0,0185; id., au trot, 0,0328; sur une chaussée en planches de chêne brutes, 0,0102 etc.

Récemment, M. Michelin reprit ces expériences comparatives et fit entrer en concurrence le bandage pneumatique et le caoutchouc plein.

Chameau, 185 kil. en 10 h. 20 m. d'après Buckardt	4 m. 97
Course à pied, d'après G. et C. Weber	7 m. 10
Renne attelé à un traineau	8 m. 40
Patineur exercé	12 m.
Cheval trotteur américain 1 mille en 2 min. 10 s. 1/4	12 m. 36
Course à bicyclette, d'après Jacquelin. Vél. de la Seine, Paris 1896, 333 mètres en 20 s.	16 m. 65
Cheval de course (galop) *Little Duck*. Grand Prix de Paris 1884. 2.400 m. en 2 m. 22 s.	16 m. 90
Grand lévrier	25 m. 34

M. Michelin adapta à sa voiture d'expérience (break de promenade) un appareil enregistreur, et tantôt montée sur roues ferrées, tantôt sur roues à caoutchoucs pleins, tantôt à pneus, il la fit rouler dans des conditions identiques. Il résulta de ces expériences que l'effort sur route macadamisée atteignait, avec le pneumatique, 13 kilogrammes dans la marche au pas, à raison de 4 kilom. 900 mètres à l'heure et 13 kilogr. 5, soit à l'allure de 10 kilom. 940, soit à celle de 15 kilom. 120 à l'heure.

Avec les roues ferrées, on obtint 13 kilogr. 3 au pas, 17 kilogrammes à l'allure approximative de 10 kilomètres et 22 kilogr. 1 à celle de 15 kilomètres.

On peut conclure d'après ces chiffres, que le coefficient de frottement du pneumatique diminue en raison de la rapidité du train.

Les expériences de M. Michelin ne furent pas très à l'avantage des caoutchoucs pleins; avec ce mode de bandage, la résistance est à peu près la même que pour les roues ferrées; par exemple celles-ci conservent en propre l'inconvénient du bruit.

CHAPITRE II

LES MOTEURS ANIMÉS. — L'HOMME

Considéré comme moteur, l'homme est remarquablement organisé.

Outre qu'il est le seul animal capable de régler ses mouvements sur la raison et sur la science, il possède au point de vue de la locomotion des privilèges uniques.

Un de ces privilèges est la faculté de pouvoir marcher constamment debout sans se soutenir par les mains. L'homme a le pied solide et aplati, le talon saillant, des mollets qui maintiennent les jambes droites ou en extension sur le terrain, des cuisses fortes, un bassin élargi qui permet l'équilibre du corps dans la position verticale.

Les organes de la préhension restant libres dans la marche, l'homme peut les utiliser au transport, et soit qu'il saisisse les brancards d'une voiture légère, soit qu'il soutienne avec les mains le fardeau placé sur son épaule, l'homme en marche, fait preuve d'une endurance inouïe et atteint les limites où la fatigue devient de l'intoxication.

La locomotion humaine, sans atteindre un maximum de rapidité égal à celui de certains quadrupèdes, peut être généralement plus fréquente et plus soutenue. Quant à la marche, elle est aussi variée que chez les espèces animales les mieux douées, c'est-à-dire qu'elle se pratique chez l'homme, en avant, en arrière, de côté, oblique, ascendante ou descendante.

La marche en avant est la plus naturelle et la plus sûre, puisqu'elle est spécialement éclairée par l'organe de la vue. *La marche en arrière* est difficile, dangereuse et par conséquent presque inusitée dans les usages ordinaires de la vie. La vue, manquant ici à la marche, nous donne encore plus de timidité que dans les ténèbres; car lorsque nous marchons en avant sans y voir, les mains, placées dans ce sens, peuvent beaucoup mieux assurer notre marche que lorsque, durant le jour, nous marchons en arrière. *La marche de côté* n'est guère employée que lorsque ayant à marcher dans un lieu fort étroit, nous craignons de perdre l'équilibre et de tomber à droite ou à gauche. *La marche oblique,* soit en avant, soit en arrière, qu'on affecte quelquefois à dessein, s'exécute avec d'autant plus de facilité que la progression directe est peu naturelle; la progression directe exige en effet qu'avertis par la vue de notre facilité à dévier, nous fassions effort pour ne pas quitter la ligne droite.

Comme la marche n'a pas toujours lieu sur un plan horizontal, on distingue encore la *marche ascendante* et la *marche descendante.* La première est celle à l'aide de laquelle nous montons un coteau ou nous gravissons une montagne. Elle nécessite d'autant plus d'efforts qu'il ne s'agit pas seulement de soulever simplement le corps de manière à favoriser à chaque pas son transport en avant, mais encore de le soutenir assez longtemps élevé contre son propre poids, pour le faire passer, par autant de pas successifs, d'une position plus basse dans une position plus élevée. De là l'extrême fatigue qui accompagne ce mode de progression, pour peu qu'il soit prolongé.

La *marche descendante* ou sur un plan oblique est beaucoup moins pénible que la *marche ascendante*. Au lieu d'avoir à surmonter la pesanteur de notre corps, nous n'avons ici qu'à lutter contre les secours que nous prête cette force, afin de ralentir la vitesse trop grande qu'elle tend à nous imprimer. Quand on marche, les pas sont plus longs en montant et plus courts en descendant. En voici la raison : Un homme qui fait un pas a toujours une jambe qui avance, et que nous appellerons *antérieure*, et une jambe *postérieure*, qui demeure en arrière. La jambe postérieure porte tout le poids du corps, tandis que l'autre est en l'air. L'une est toujours pliée au jarret, et l'autre est tendue et droite. Lorsqu'on marche sur un plan horizontal, la jambe postérieure est tendue et l'antérieure pliée; de même, lorsqu'on monte sur un plan incliné, l'antérieure seulement est beaucoup plus pliée que pour le plan horizontal. Quand on descend, au contraire, c'est la jambe postérieure qui est pliée : or, comme elle porte tout le poids du corps, elle a plus de facilité à le porter dans le cas de la montée, où elle est tendue, que dans le cas de la descente, où elle est pliée, et d'autant plus affaiblie que le pli ou la flexion du jarret est plus grand. Quand la jambe postérieure a plus de facilité à porter le poids du corps, on n'est pas si pressé de le transporter sur l'autre jambe, c'est-à-dire de faire un second pas et d'avancer. Par conséquent, on a le loisir et la liberté de faire ce premier pas plus grand, ou, ce qui revient au même, de porter plus loin la jambe antérieure. Ce sera le contraire quand la jambe postérieure aura moins de facilité à porter le poids du corps; et par l'incommodité que cause naturellement cette situation, on se hâtera d'en changer et d'avancer. On fait donc en montant des pas plus grands et en moindre nombre, et en descendant on les fait plus courts, plus précipités et en plus grand nombre.

Les individus lymphatiques ont beaucoup de lenteur dans la marche et ne peuvent la prolonger sans une extrême fatigue. Les gens nerveux sont remarquables par la vitesse et la précipitation de leurs pas, et ils soutiennent très bien cet exercice, si des intervalles assez fréquents de repos le viennent interrompre. Les bilieux, forts et actifs, sont d'ordinaire très bons marcheurs; ils peuvent aller vite et longtemps. Les tempéraments sanguins tiennent comme un juste milieu entre les nerveux et les bilieux. Les femmes doivent aux habitudes qu'elles contractent dans la vie sociale, en même temps qu'à leur disposition naturelle pour la vie sédentaire, de se montrer beaucoup moins propres à la marche que les hommes; aussi ne peuvent-elles guère soutenir les longs voyages à pied.

A propos de marche, il en est une qui consiste à ne lever les pieds que juste ce qu'il est nécessaire pour éviter les aspérités du sol, les jarrets fortement ployés, le haut du corps penché en avant le plus possible, et à poser le pied bien à plat et sans bruit.

C'est ce qu'on appelle la marche en *demi-flexion*, parce qu'on ne fléchit alors les muscles qu'à demi, sans les étendre, d'où une économie notable de force.

Cette marche s'appelle, en Belgique, la *marche en messager*. Elle est pratiquée par les facteurs ruraux et les coureurs chargés en extrême Orient de traîner les voyageurs. C'est elle qui était en

Marche en demi-flexion.

usage chez les hommes de la préhistoire, lorsqu'ils revenaient de la chasse, fatigués par le poids du butin ; elle l'est encore chez les sauvages.

Qui ne se rappelle avoir vu nos montagnards prendre cette démarche, même dans les villes et sur les grandes routes ? La nôtre

peut paraître plus légère et gracieuse, mais elle devient pénible,
lorsqu'il s'agit de gravir un sentier escarpé ou mieux encore de
franchir une descente rapide. Aussi ne faut-il pas s'étonner que
l'excursionniste, harassé de fatigue, se mette instinctivement à
marcher en demi-flexion. Il en est de même des soldats qui viennent de parcourir une longue étape. De Neuville et Detaille les ont
peints dans cette attitude, lors de la campagne 1870-71.

Dans la marche en demi-flexion, il ne faut d'abord faire que de
petits pas, de 35 centimères environ. En les allongeant progressivement, on arrive à parcourir :

Le 1er kilomètre en................................... 7m 15 s.
Le 2e   —   .... 6m 15 s.
Le 3e   —   .... 5m 45 s.

En se pressant, on pourrait effectuer le premier kilomètre en
6 minutes et, vers le troisième, ne point dépasser 5 minutes. Des
hommes bien constitués franchissent aisément 15 kilomètres en
1 h. 30 m. ou 1 h. 40, au maximum.

Cette marche a été préconisée par un capitaine d'infanterie, M. de
Raoul, et l'on admettra qu'elle a son importance, si elle épargne
quelque fatigue à des soldats qui, avec des charges de 15 à 20 kilogrammes, des vêtements et une coiffure ridiculement pesante
accomplissent des marches de 40 kilomètres pendant plusieurs
jours consécutifs (1).

---

(1) Les soldats de Napoléon ont parcouru l'Europe à l'allure de 100 pas de 65 centimètres à la minute. La vitesse de marche de nos troupes d'infanterie est passée successivement à 110, puis à 120 et enfin à 128 pas de 75 centimètres. Cette progression dans

Grâce à de longs exercices et à un corps naturellement robuste, certains hommes se sont faits, comme marcheurs, une réputation établie sur des tours de force singuliers. Tel de nos jours le marcheur Grandin qui finira par imprimer la semelle de ses chaussures dans toutes les parties du monde.

Marche des soldats de Napoléon Ier, d'après Raffet.

Au moment où nous écrivons ces lignes, Grandin a parcouru plus de 55.000 kilomètres, et cela en moins de cinq ans. Il a tra-

la réglementation du pas a abouti aux manœuvres de ces dernières années à semer les routes de traînards. Les régiments étaient tous forcés de ralentir l'allure.

Saisi de la question, le conseil supérieur de la guerre a fait sanctionner, le 16 décembre 1896, le retour aux prescriptions fixant à 120 pas ou 90 mètres à la minute la vitesse, déjà considérable pour des hommes chargés.

A Madagascar, l'exagération des marches rapides a coûté cher au 200ᵉ et au 40ᵉ bataillon de chasseurs. C'est même un rapport du général Duchesne qui a servi de point de départ à la décision qui, en ménageant les forces du soldat, permettra en campagne de conserver des effectifs plus nombreux.

versé la France, l'Allemagne, la Russie, les États-Unis, le Canada, la Hollande, la Belgique, l'Algérie, la Tunisie, la Suisse, l'Italie, la Turquie, l'Asie Mineure, etc...

Grandin est un homme de taille moyenne, âgé d'environ cinquante ans. Ses étapes moyennes sont de 80 kilomètres par jour ; il a fait une fois 130. Il marche 13 heures, en dort 7, en consacre 4 aux haltes et aux repas ; il ne porte qu'un sac de 16 kilos, ne fume pas en marchant et ne se sépare jamais d'un parapluie qui le préserve de l'eau et du soleil.

Dans ses *Merveilles du corps humain*, M. le Pileur nous apprend que le fils d'un guide célèbre par ses marches extraordinaires, Edouard Balmat, parti de Paris pour rejoindre son régiment à Gênes, arriva le cinquième jour au soir à Chamonix, ayant parcouru 564 kilomètres, soit près de 113 kilomètres par jour. Plusieurs années après, ce même homme, parti des bains de Louèche à 2 heures du matin, arrivait à Chamonix à 9 heures du soir, ayant franchi en dix-neuf heures, une distance équivalant à 120 kilomètres.

Un autre exemple de marche plus fameuse et non moins remarquable est celui dont l'honneur revient au capitaine Barclay. Ce terrible marcheur paria 3.000 livres sterling (75.000 francs) qu'il accomplirait un parcours de 1.000 milles anglais (1.609 kilomètres) en 1.000 heures, soit 41 jours et 16 heures de marche. Le capitaine Barclay gagna son pari.

L'homme est léger à la *course* comme à la marche. Aux jeux olympiques dont nous disons plus loin quelques mots à propos de leur rétablissement, il y avait des coureurs fameux dont les historiens et les poètes ont chanté la gloire, dont les médailles, les statues et les vases antiques nous ont transmis l'image.

En France, à une époque où les véhicules n'encombraient pas les rues, la noblesse avait ses coureurs et les employait à porter des messages. Ces jeunes gens organisaient parfois des courses qui donnaient lieu à des paris extravagants. Le public prétendait qu'ils étaient *dératés*. Ces courses avaient généralement lieu dans les fêtes publiques.

Au dix-neuvième siècle, ces coureurs ont fait place aux commissionnaires et aux *chasseurs* des cercles et des restaurants, qui se montrent généralement moins ardents dans l'exercice de leurs fonctions.

Nous avons tous vu dans les villes de province de ces coureurs en maillot rose, qui à l'époque des foires, accomplissent un parcours assez abordable, moyennant quelque monnaie de billon, mais ce sont là de pauvres sires et des sportsmen plus médiocres encore. Depuis la création des sociétés de sports athlétiques (*Racing-Club, Union des sociétés françaises de sport athlétique*, etc.), les courses à pied, le *pédestrianisme*, pour employer le terme technique, s'est élevé à la hauteur d'une institution.

Les jeunes gens qui s'adonnent aux courses à pied ont acquis par l'entraînement une belle vitesse, si l'on en juge par le chiffre des derniers records, qui ont été de 10 secondes 9 dixièmes pour un parcours de 100 mètres et de 4 minutes 10 secondes pour un parcours de 1.500 mètres (1).

(1) Dans une course à pied organisée le 5 juin 1892 par le *Petit Journal* entre Paris

Les courses à pied se divisent en trois catégories : 1° *Courses plates*, divisées elles-mêmes en courses de vitesse, de 90 à 400 mètres, en courses mixtes, de 400 à 1.500 mètres, et en courses de fond de 1.500 mètres et au-dessus; 2° *Courses de haies*; 3° *Steeple-chases* et *Rallie-papiers*.

Comme la course de haies, le steeple-chase est une course d'obstacles, mais ce ne sont plus seulement des haies, ce sont des murs et des rivières qu'il faut franchir.

Pour organiser un rallie-papier, on forme, nous apprend M. G. de Saint-Clair, une meute composée d'un nombre illimité de coureurs et conduite par un piqueur qui dirige la chasse : on choisit deux coureurs parmi les meilleurs de l'association pour représenter l'animal traqué et à qui l'on donne de 10 à 20 minutes d'avance suivant leur force. Ceux-ci sont munis d'un sac en toile, contenant des confettis qu'ils jettent en courant et qui forment la voie que doit rallier la meute; ils cherchent par tous les moyens à la dépister. Une fois sur la voie, la poursuite commence, avec toutes les péripéties d'une vraie chasse, variant à l'infini suivant les ruses employées par les deux coureurs; en été, on peut aller jusqu'à franchir des rivières à la nage. La poursuite se continue jusqu'à ce que les deux coureurs aient été atteints, ou soient arrivés à un point déterminé à l'avance.

Le *cross-country* ou course au clocher s'organise comme un

et Belfort, les gagnants, MM. Ramogé et Gonnet accomplirent en 5 jours ce parcours de 496 kilomètres. Les 38 premiers kilomètres (Paris-Meaux) furent faits par un autre concurrent à raison de 12 kil. 83 par heure et les 225 premiers, par Ramogé, à raison de 5 kil. à l'heure.

rallie, avec cette différence qu'on ne fait pas de fausses voies.

En 1887, la Ligue nationale de l'éducation physique fonda le *Lendit* qui est, pour les collèges de Paris une sorte de Concours

Un lendit au bois de Boulogne.

général de l'éducation physique. Ce concours a été ainsi baptisé en mémoire de la foire du Lendit, qui au moyen âge était la fête des écoliers et de l'Université.

Les épreuves du lendit ont lieu au bois de Boulogne. On ne sait jusqu'à quel point cette institution favorise l'exercice physique chez les jeunes gens; car chaque collège désignant ses champions, il arrive que les mieux doués, très poussés dans la voie des exercices du corps en prennent trop, tandis que d'autres, — justement ceux qui en auraient le plus besoin, — sont réduits à n'exercer leurs muscles que dans les cours des lycées ou en promenade.

Une autre fondation sportive qui comprend une épreuve de course à pied est celle des Jeux olympiques rétablis en 1896 et inaugurés à Athènes d'après une décision du Congrès international qui siégea à Paris en Sorbonne le 16 juin 1894. Ce concours international de sports athlétiques doit être célébré tous les quatre ans dans toutes les capitales du monde successivement.

Les nouveaux Jeux olympiques ne rappellent que de loin ceux qu'organisait l'ancienne Grèce : Le pugilat, le jet du disque et du javelot, les courses en char biges et quadriges ont fait place à l'escrime, aux courses nautiques, au lawn tennis et au cyclisme. Une des épreuves les plus remarquées de la solennité d'avril 1896, fut une course à pied renouvelant l'exploit du soldat de Marathon. Il s'agissait de franchir la distance de Marathon au stade d'Athènes (40 kilomètres) où cent mille spectateurs se trouvaient réunis. La course fut gagnée par un jeune paysan de l'Attique nommé Spyro Louys, dans le temps de 2 heures 55 minutes 20 secondes.

Revenons un instant aux individus salariés comme coureurs, qui, à peu près disparus d'Europe, n'en existent pas moins en assez grand nombre dans les pays d'Orient.

Ce sont, en Égypte, les *saïs*, qui munis de cravaches, précèdent

les équipages de luxe, courant et criant, afin d'obtenir le libre
passage. C'est, au Japon, entre
les villages et les capitales
où les institutions européen-
nes n'ont pas pénétré à fond,
l'*isogo*, dont la vitesse force-
rait, disent les voyageurs, un
cheval à la course. Ce coureur japonais est vêtu aussi
légèrement que possible ; une
sorte de gilet qui couvre la
poitrine et laisse les bras nus,
une culotte attachée au-dessus
du genou, pour ne point gêner
les nerfs du jarret, des san-
dales à empeigne, fixées par
des courroies, un mouchoir
de soie sur la tête, composent
tout son costume. Quant à son
chargement, il est ordinairement réparti en deux paquets
qui se font contrepoids à
chaque extrémité d'un long
bâton, que le courrier porte

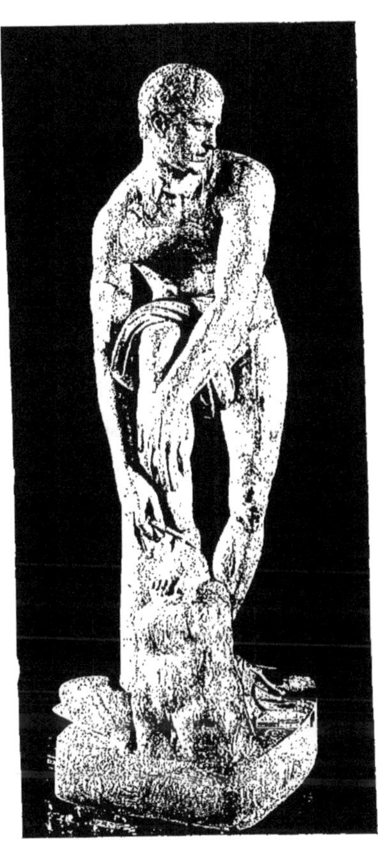

Coureur des Jeux olympiques rattachant sa sandale.
Statue grecque.

plus spécialement sur l'épaule
droite pendant que la main gauche comprime le flanc.

A ce long bâton est ordinairement fixé un double bambou

portant une voile de soie légère. Elle se tend par l'écartement des deux tiges, et maintenue par sa base à la ceinture du porteur qui l'oriente selon le vent, elle aide d'une façon notable à une course rapide.

Dans les régions de l'Hindoustan où le chemin de fer n'a pas encore pénétré, le service de la poste est confié à des porteurs qui enferment leurs dépêches dans une petite boîte qu'ils placent sur leur tête. Leur main gauche soutient un bâton terminé à l'une de ses extrémités par un anneau auquel sont suspendues de petites plaques de fer. Le bruit qu'elles font en frappant les unes contre les autres suffit pour éloigner les serpents, si communs dans ces régions. Souvent leur main droite porte un linge humide dont ils se servent pour se rafraîchir le visage, car la chaleur du climat, la difficulté de courir sur un sol sablonneux, et, malgré cela, la vitesse qu'ils doivent acquérir, les met en transpiration. Ces hommes accomplissent un trajet d'environ 30 milles chaque jour, soit près de 50 kilomètres.

La nature d'un sol impropre à la marche ou le désir de multiplier sa vitesse, ont conduit l'homme à adapter à ses pieds divers instruments de locomotion : les *échasses*, le *palin*, la *pédale*.

Tout le monde connait les *échasses*, ces longs bâtons à chacun desquels est adapté une espèce d'appui, de tasseau sur lequel on met le pied et dont on se sert pour marcher : ce sont les échasses des enfants; elles se prolongent jusque sous les bras et offrent ainsi un double point d'appui; mais elles ont aussi le grave inconvénient de gêner la marche, tandis qu'il existe en France toute une population où nous trouvons les échasses serrées aux jambes par des courroies et ne s'élevant qu'au dessous du genou; ce sont les échasses des Landais.

L'habitant des Landes est l'*homme-échasse* par excellence,

Landais sur leurs « changuées ».

car chez lui les échasses ne sont point un divertissement et une parure accessoire; elles forment, au contraire, une partie intégrante et inséparable de l'individu. Enlever ses échasses à l'habitant des Landes serait lui ravir son individualité.

Le département qu'il habite présente de vastes étangs, formés par les eaux pluviales, dont l'écoulement naturel aurait lieu vers la mer si elles n'étaient arrêtées par les dunes qui s'amoncellent et cheminent incessamment de l'ouest au nord-ouest. Le *lanusquet* ou *cousiot,* monté sur ses hautes échasses ou *changuées,* effraierait l'homme le plus blasé qui ne serait pas préparé à le voir. En quelques enjambées il traverse la plaine. On ne se lasse pas d'admirer l'agilité prodigieuse avec laquelle il court perché sur ses deux échalas. A l'aide du long bâton dont il est armé, il franchit des clôtures, des murs, de larges fossés.

Quand vient le matin l'heure du départ, il s'assied sur le manteau d'une très haute cheminée, ou sur la croisée d'une grange, et attache nonchalamment autour de ses jambes ses bottes de sept lieues. Quand il est au repos dans la plaine, gardant son troupeau du haut de ses échasses, il vous apparait assis, ou plutôt appuyé sur la longue perche qui lui sert de canne, tricotant un *béret* brun, de forme beaucoup plus étroite que celui des Béarnais et des Basques, et semblable à celui dont sa tête est couverte. Il est vêtu d'un long doliman de peau de mouton sans manches; ses pieds nus posent sur l'appui de ses échasses, et ses jambes sont enveloppées d'une fourrure appelée *camao,* assujettie par des jarretières rouges.

On raconte que durant le séjour de Napoléon Ier à Bayonne, l'idée vint à l'empereur de montrer à l'impératrice Joséphine un échantillon de ce singulier peuple. Selon son désir, une escouade de *lanusquels* vint du fond de ses déserts, coiffée de ses bérets, revêtue de ses dolimans de peau de mouton, les jambes enveloppées du *camao* et des jarretières rouges, grimpée sur ses *changuées,* et appuyée sur ses longues perches. En quelques enjambées elle franchit la petite ville, tout effrayée de ses nouveaux hôtes.

Les *lanusquets*, au grand étonnement de la foule, s'assirent à terre, et se relevèrent sans autre point d'appui que leurs bâtons; on sema leur route de pièces de monnaie, et ils les ramassèrent en courant, sans descendre de leurs échasses. On les conduisit au château de Marrac, et du haut de leurs belvédères ambulants, ils exécutèrent, devant l'empereur et l'impératrice, des danses qui ne manquaient, ni de grâce ni surtout d'originalité. Mais bientôt le mal du pays saisit toute l'escouade; l'air de la Cour ne valait rien à ces Landais, et ce ne fut pas sans de vifs transports de joie qu'ils reçurent l'autorisation de regagner leurs plaines de *pignadas* et de bruyères.

La mode si répandue des réunions sportives de tous genres a pénétré jusque dans les plaines landaises, et des courses à échasses ont été organisées par le journal *la Gironde*. Au concours de 1892 le gagnant a accompli 257 kilomètres en 55 heures 30, soit 4 kilomètres 65 à l'heure.

Chacun connaît le *patin*, cette sous-chaussure dont on se sert pour glisser sur la glace. Il y a une vingtaine d'années, le patin était encore formé d'une semelle de bois dans l'axe de laquelle était fixée une lame d'acier, qui, limée carrément du côté du talon, venait se recourber à la pointe, comme un soulier à la poulaine. Aujourd'hui, le patin est tout en fer et s'agrafe à la semelle des chaussures au moyen d'un mécanisme ingénieux.

L'instrument du patineur diffère d'ailleurs totalement de forme selon les pays, comme nous allons le voir.

Le patinage nous vient des régions du Nord, et l'on croit qu'il a été inventé en Hollande. On voit dans ce pays les laitières portant des vases pleins sur leur tête, tricotant pendant leur route, franchir en peu de temps des distances énormes pour aller vendre leur lait dans les villes.

En Norwège, le patin consiste en de longues planchettes de bois très flexibles appellées *skier* et avec lesquelles les Norwégiens déploient une agilité et une adresse surprenantes.

Dans ces pays où la neige couvre le sol pendant des mois et se durcit très vite, les voies de communication seraient tôt devenues infranchissables dans la campagne, si les habitants ne se servaient de patins. C'est ainsi que le Norwégien se rend aux provisions soit à la ville, soit dans les forêts pour y chasser ou récolter du bois de chauffage.

L'exercice du *skier* est, en Norwège, le complément obligé de toute éducation militaire. Les soldats, sans autre soutien qu'une longue pique en fer, gravissent des montagnes fort élevées, et en descendent avec facilité. Ils traversent les lacs et les rivières, s'arrêtent au commandement au milieu de leur course, font l'exercice avec l'arme blanche et avec l'arme à feu et exécutent des changements d'allure ou de direction avec une agilité merveilleuse. Le *skier* est aussi chaque hiver l'objet de courses féminines qui ont le plus grand succès.

Au Canada, le patin est en forme de raquette. La raquette, ou selon la traduction littérale du mot anglais, la « chaussure à neige » se compose, dit M. de Gourmont, d'une étroite bande de frêne, recourbée en deux et dont on fait rejoindre les deux bouts en les assujettissant fortement par une courroie. Deux traverses du même bois achèvent de donner à ce premier travail la forme

Jeune Canadien muni de ses raquettes.

voulue. Puis on fait courir un entrelacement assez serré de lanières de cuir, en ayant soin de laisser à un tiers de la hauteur un espace suffisant pour que le pied puisse y jouer à l'aise. La raquette est alors prête, et un marcheur habile s'en servira sans crainte pour s'aventurer dans la campagne où il n'est pas rare de voir des bancs de neige atteindre jusqu'à 6 ou 7 mètres d'épaisseur.

La raquette est d'invention très ancienne au Canada. Les annales du pays font mention de soldats du roi de France apprenant jadis à chausser la raquette, et en retirant de grands avantages contre les Anglais. C'était même alors, parfois, le seul moyen de locomotion, et l'on cite un évêque de Québec qui faisait ainsi, chaque hiver, sa tournée pastorale, quelque chose comme 300 lieues.

Ajoutons que l'on voit au Canada, des jeunes gens atteindre dans des courses sur la glace le chiffre de 25 kilomètres à l'heure.

En France, la mode de patiner est assez répandue, mais la variabilité de la température fait que l'on ne peut se livrer d'une façon continue à cet exercice que pendant les hivers exceptionnellement rigoureux.

A Paris, qui est la ville de tous les plaisirs, des industriels ont suppléé à l'inconsistance du froid en instituant le *Palais de Glace* et le *Pôle nord*, établissements où durant une partie de l'année les fervents du patinage se divertissent sur de la glace produite artificiellement.

Là, des essaims de patineurs parviennent à simuler les figures d'une contredanse avec autant de grâce que s'ils étaient au milieu d'une salle de bal, tandis que d'autres, tournant avec adresse, tracent rapidement sur la glace, avec le tranchant de leur patin, toutes les lettres de l'alphabet, ou dessinent des oiseaux, et jusqu'à des portraits.

La Russie est le pays du patinage par excellence. Depuis la mi-novembre jusque vers la mi-avril le beau fleuve de la fléva se couvrant d'une épaisse couche de glace, les habitants riverains,

Patinage sur la Néva.

ceux de Pétersbourg entre autres, ont tout le loisir d'évoluer sur la glace et de lutter ainsi contre les rigueurs de la basse température.

Il existe une sorte de patin, le *patin à roulettes* dont l'invention

remonte à l'année 1819, mais dont l'usage est à peu près abandonné. La seule différence entre ces patins et les autres, consiste
dans la substitution de trois roulettes en métal à la lame d'acier. Les
patineurs à roulettes ne manquent ni de grâce ni de célérité, témoin
ceux qui dans l'opéra *le Prophète*, dansent le ballet des patineurs,
mais cet amusement est dangereux et surtout fatigant. Paris a
possédé un établissement de patinage à roulettes nommé le *Ska-
ting*, qui, croyons-nous a dû fermer ses portes, faute de clientèle.
En peu d'années le *Skating-Palace* avait assisté à la grandeur et à
la décadence du patinage à roulettes.

On ne peut parler de la *pédale* comme moyen de franchir des
distances sans être contraint de s'étendre sur ce qui l'accompagne :
le cycle. Mais le cyclisme a pris, en quelques années, une telle
importance dans nos mœurs, que — à tout seigneur, tout honneur — nous lui consacrerons un chapitre spécial.

Avant d'y arriver, voyons quels sont les véhicules actionnés
par la force humaine.

Il est assez vraisemblable que les *traîneaux* furent les premières
voitures dont on se servit pour rendre les transports moins péni-
bles. Que la surface fût de terre ou de neige durcie, tous les fardeaux étaient traînés. Ils le sont encore en différents pays pour des
transports qui seraient impraticables ou dangereux au moyen des
voitures; telle est, par exemple, l'exploitation des forêts sur les pentes escarpées des montagnes et pour laquelle on procède ainsi :
Après avoir tracé sur le terrain la ligne que le transport devra suivre, on dispose, perpendiculairement à cette ligne, des bûches bien
droites, éloignées l'une de l'autre de cinq à six décimètres au plus,

et plus rapprochées à mesure que la pente est plus raide; on les attache fortement sur la terre, et c'est sur cette longue échelle que le traîneau glissera avec sa charge. Le conducteur est en avant, non pour tirer le fardeau, mais pour modérer la vitesse de sa descente et le maintenir sur la voie dont il tendrait à s'écarter dans les tournants. A mesure que les bois de la partie la plus élevée sont descendus de cette manière, on charge sur le traîneau les bûches qui formaient la partie du chemin devenue inutile, et lorsque l'exploitation est terminée, ce chemin a disparu.

On s'imagine aisément quelle révolution fut opérée dans les moyens de transports, durant les premiers âges de l'humanité, par l'invention de la roue. Les roues primitives étaient en bois plein, sans rayons ni moyeux. Lorsqu'on eut l'idée de les faire mouvoir par des bêtes, un pas immense était fait du côté de la civilisation : par le rapprochement des hommes et des choses, le commerce et l'industrie allaient éclore.

Comme véhicules spéciaux à la machine humaine, ceux de construction très simple tels le *brancard*, la *civière*, le *bard*, la *litière*, le *palanquin*, etc., furent les plus anciennement employés.

Deux longs morceaux de bois façonnés à leurs extrémités de manière à pouvoir être facile-

Porteurs de palanquins en Asie.

ment saisis par des porteurs, et tenus entre eux par des traverses, voici une civière; ajoutez-y des pieds, et c'est un brancard, ajoutez-y d'autres bras, et c'est un bard. Avec ces véhicules, on peut transporter les fardeaux les plus divers.

Les litières et les palanquins furent plus spécialement désignés pour recevoir des personnes. C'était par le nombre d'esclaves qui entouraient et portaient la litière (*lectica*) que se jugeait assez généralement à Rome la richesse ou le rang de ceux qui faisaient usage de ce moyen de transport. En Asie les riches déploient encore aujourd'hui dans les palanquins où ils se font ordinairement porter, un luxe dont on a généralement peu d'idée en Europe. Si les palanquins ordinaires, dont le service n'exige que quelques porteurs, ne coûtent que quelques centaines de francs, il en est dont le prix s'élève à 30.000 francs; le nombre des porteurs attachés au service d'un palanquin, et qui se relayent les uns les autres, est un indice de la fortune et de la considération dont jouit celui qui les emploie. Ces palanquins sont ordinairement découverts, pour être surmontés d'un dais que portent des hommes rangés sur les côtés.

Les palanquins d'Asie sont l'équivalent de ces caisses de voitures fermées de glaces que l'on utilisait jadis sous le nom de *chaises à porteur*, mais qui étaient portées à bras et non sur l'épaule comme les palanquins. Les porteurs de chaises passaient deux longues barres dans des ferrures placées extérieurement et ils se plaçaient entre elles, l'un devant, l'autre derrière, allégeant les muscles extenseurs de leurs bras par des bricoles dont ils se garnissaient les épaules.

L'usage des chaises à porteurs est fort ancien en France; il a
dû précéder celui des carrosses, beaucoup plus embarassants et
surtout plus dispendieux. Tous les gens du grand monde avaient
leurs chaises et leurs porteurs, que sans doute ils ne payaient

Chaises à porteurs provenant des écuries de Versailles.

pas fort exactement, si l'on en juge par Mascarille dans *Les
Précieuses ridicules* qui datent de 1659.

Très appréciées à cette époque, les chaises à porteurs, appelées aussi chaises à bras, furent le premier mode de transport
public adopté dans Paris. Le premier privilège de cette exploitation remonte même à l'année 1617 et fut concédé à une société
dont faisait partie un capitaine des gardes du roi.

A Versailles, où les rues sont larges et moins encombrées, les chaises à porteurs ont longtemps résisté aux progrès de la locomotion (1). Du reste, là, comme à Paris, et dans tous les grands centres de population, on en trouvait jadis sur les places et carrefours, ainsi que des fiacres. Les porteurs de chaises étaient nombreux et formaient un corps que la Révolution a dissous. Dans les villes de province, point de famille aisée qui n'eût ses porteurs et sa chaise, placée ordinairement dans le vestibule.

C'est en chaise à porteurs qu'on allait en visites, à l'église, ou au spectacle. Devant tous les lieux de grande réunion, la file des chaises à porteurs était plus nombreuse que celle des voitures : les *aboyeurs* appelaient les porteurs de madame la marquise, de madame la présidente. La duchesse de Nemours, morte en 1707, allait tous les ans en chaise à porteurs de Paris dans sa principauté de Neufchâtel; quarante porteurs la suivaient dans des chariots et se relayaient alternativement; elle faisait ainsi, en dix à douze jours, un voyage de plus de cinq cents kilomètres.

On inventa aussi sous l'ancien régime la *chaise roulante*, appelée également *brouette, vinaigrelle* ou *soufflet* (lorsqu'elle était à capote mobile) et dont les premières circulèrent à la fin du règne de Louis XIII. Comme les chaises à porteurs, les *vinaigrelles* furent en partie exploitées par des sociétés, mais ce mode de

(1) Il y a peu d'années on voyait encore à Orléans des personnes âgées se rendre à l'église en chaise à porteurs. On nous assure qu'aujourd'hui ces mêmes véhicules vont et viennent dans la ville, mais le soir seulement. Il serait curieux de savoir si d'autres villes de France partagent avec Orléans cette mode surannée du transport en chaise.

transport ne réalisait pas l'idéal du confortable si l'on en croit un voyageur anglais, le Dr Martin Lister, qui écrit dans *A journey to Paris in the year* 1698 : « Il y a dans cette ville une espèce de voiture que j'aurais voulu passer sous silence, la prenant d'abord pour quelque mauvaise plaisanterie. Cela fait un pitoyable contraste avec une cité si magnifique : ce sont les vinaigrettes,

Tireurs de chaises roulantes et porteurs de chaises.

c'est-à-dire une caisse de voiture sur deux roues traînée par un homme et poussée derrière par une femme ou un enfant, ou par les deux à la fois. »

Par suite de cet aspect misérable, et sans doute à cause de la place qu'ils occupaient sur les chaussées — place que les cochers et laquais ne trouvaient jamais assez vaste pour l'importance de leurs carrosses, — les malheureux « tireurs de chaise » étaient assez molestés. C'est au point qu'on dut lancer une ordonnance « faisant défense à toute personne de quelque qualité et condition

que ce soit, d'empêcher directement ou indirectement l'établissement du nouveau roulage par voies de fait, insultes, injures,
huées, paroles ou autrement, à peine de cinq cents livres d'a-
mende, et à tous cochers, laquais et gens de livrée de pareillement troubler ni empêcher ledit roulage, à peine de prison et
de punition exemplaire. »

Au nombre des véhicules mus par l'homme, gardons-nous
de passer sous silence la *brouette*, si simple et si utile. On sait
que la brouette est disposée de façon que la roue, placée en avant
et en dehors de la caisse, ne porte qu'une partie du poids à rouler,
un bon cinquième de ce poids étant supporté par l'individu qui
pousse la brouette.

Une tradition assez répandue attribue à Pascal l'invention de
la brouette; cette opinion est manifestement inexacte, puisque
d'anciens monuments nous en donnent l'effigie parfaite. Pascal
a simplement donné la théorie et la formule à suivre dans la
construction d'une brouette pour réaliser le maximum d'utilité :
le principe est que le centre de gravité doit se trouver sur la verticale de l'essieu.

Une brouette des plus anciennes est celle qu'emploient les Chinois, peuple pour lequel, entre parenthèses, les voies de communications ont toujours été surtout les fleuves et les ca-
naux.

Cette brouette que l'habitant de l'*Empire du milieu* maintient
en se frayant un chemin à travers champs, n'a qu'une roue centrale. Son nom est *chao-tse*, qui signifie voiture à mains, mais
la main ne suffit pas à la pousser; le Chinois à recours au vent

et attache à son véhicule une voile carrée après y avoir adopté
deux montants; le vent s'engouffre dans la voile.

Le chao-tse est principalement affecté à la locomotion humaine
et l'on voit de pauvres gens (les riches ayant leur palanquin)

La voiture à voile, en Chine.

franchir de cette manière, des distances de plus de 1.000 kilomètres.

D'ailleurs l'emploi de l'homme comme tracteur est d'un usage
courant en Asie. On se rappelle avoir vu, à l'Exposition universelle de 1889, des Annamites promener les visiteuses dans des
voitures légères, à deux roues, que l'on appelait *pousse-pousse*,
bien qu'elles fussent tirées, et non poussées. Nous donnerons au

chapitre des Voitures particulières la description d'une voiture
en usage à Pondichéry et qui mérite plus exactement ce nom.

Pousse-pousse annamite à l'Exposition universelle de 1889.

Dans les villes japonaises les *djin-riki-sha*, petites voitures à
une place, rarement à deux, et traînées par des coureurs, tiennent lieu de fiacres.

Dans ses *Japonneries d'automne*, Pierre Loti nous donne
une description colorée de ces voitures japonaises et des hommes

qui s'y attellent (1). « Ils sont coiffés d'un chapeau large en forme d'ombrelle, habillés d'une veste à manches pagodes, très courte de taille, comme nos plus courts vestons, et bariolée d'une façon saugrenue, ayant dans le dos un tas de choses écrites en grosses lettres nippones. Pas de pantalon ni de chemise; une étroite bande d'étoffe, nouée d'une façon très particulière, leur tient lieu de caleçon.

Jamais fatigués, jamais haletants. Dans les montées seulement, un peu de sueur leur perle sur la poitrine; alors ils enlèvent leur veste. Ils poussent des cris dans les foules, pour avertir que nous passons; mais ils courent toujours, au risque d'accrocher les gens. »

Lorsque la voiture est trop chargée pour un seul coureur, ils se mettent à deux, le premier s'attelant en flèche avec une longue ban de d'étoffe. « Ces courses en djin-riki-sha sont un des souvenirs qui restent de ces journées où l'on se dépêche pour voir et faire tant de choses. Emporté deux fois vite comme par un cheval au trot, on sautille d'ornière en ornière, on bouscule des foules, on franchit des petits ponts croulants, on se trouve voyageant seul à travers des quartiers déserts. Même on monte des escaliers et on en descend; alors, à chaque marche, pouf, pouf, pouf, on tressaute sur son siège comme une paume. A la

____

(1) L'auteur des *Japonneries d'automne* appelle ceux-ci *djin*, par abréviation de *djin-riki-sha* (*jin* homme, *riki*, force, *sha*, voiture). Au Japon, on les désigne sous le nom de *Kourouma-ya*, voituriers. On a vu de ces hommes accomplir ainsi des parcours de 50 kilomètres par jour, sur les grandes routes. En ville, ils vont souvent à une allure de 16 kilomètres à l'heure.

fin, le soir, un ahurissement vous vient, et l'on voit défiler les choses comme dans un kaléidoscope remué trop vite, dont les changements fatigueraient la vue. »

Aujourd'hui, dans les pays d'Occident l'intervention de l'homme comme moteur n'est requise que pour le transport des marchandises chargeant de petits véhicules traînés ou poussés.

Les commissionnaires et hommes de peine s'attellent à des voitures à deux roues, à ressorts et à deux petits brancards, appelées *voitures à bras*. Lorsque la charge est lourde, le tireur de voiture passe sur ses épaules des bretelles qui s'accrochent sur le devant de la voiture. Pour donner une idée de la quantité de voitures à bras qui circulent dans Paris, disons seulement que cette ville ne possède pas moins de deux cent cinquante individus qui vivent de la location de ces véhicules.

Les *voitures de marchands des quatre saisons* diffèrent des voitures à bras en ce qu'elles sont munies de poignées au lieu de bras et poussées au lieu d'être tirées; elles sont montées moins haut et privées de ridelles.

Dans les gares de chemins de fer, les chargeurs pour le transport des malles se servent du *diable*, sorte de courte échelle ferrée à son extrémité munie de deux petites roues et ayant deux petits brancards comme la brouette. Les mêmes manœuvres chargent aussi les colis sur des véhicules à trois roues dont la première est directrice et articulée.

Les tonneliers s'attellent au *haquet*, qui sert au transport des pièces de vin et se compose de deux longs limons reliés par des traverses.

Le chargement et le débarquement du haquet s'opèrent à l'aide
d'un treuil (cylindre de bois tournant sur son axe) fixé à l'avant
et mû par un moulinet à quatre bras : le haquet possède deux
grandes roues.

Nous dirons plus loin un mot des voitures d'enfant ; ici nous

Remise de voitures à bras dans une rue du vieux Paris.

pouvons encore mentionner la *hotte* et les *crochets*, sorte de hotte
ouverte ou de support muni de bretelles pour les objets portés à
dos, puis l'*échelle*, qui sert à la locomotion de l'homme, de
même que la *canne* et les *béquilles*.

Dans les grandes villes, l'extension donnée à la publicité a fait
naître les *hommes sandwiches*, les tireurs d'*ambulantes*, pauvres
diables qui défilent par les rues, la tête dépassant, comme des
suppliciés de la cangue, d'un double châssis de bois revêtu de
toiles, où des annonces peintes promettent les inventions les plus

mirobolantes et les plaisirs du jour. D'autres remorquent à pas
lents des voiturettes parées de mêmes réclames, et l'on dirait
que tous portent sur leur physionomie le mépris de leurs fonctions et le sentiment de leur inanité, dans un siècle de confort, de
vapeur et d'électricité.

Tireur d'ambulante.

CHAPITRE III

LE CYCLISME

« Il ne s'est peut-être, à travers des centaines de siècles, rien
produit de plus grave dans l'évolution des hommes que l'usage
du vélocipède » ont dit les frères Rosny dans un article très pé-
nétrant sur le cyclisme. (*Revue encyclopédique*). « La bicyclette
est mieux qu'une machine, elle est un *organe*. Et c'est bien là
l'impression qu'elle nous cause. Avec elle, en effet, voici que
l'homme est redevenu un animal agile, et l'un des plus agiles
parmi ses compagnons de la terre ferme. Si le cheval pur sang
peut lutter encore, ce n'est que sur une courte distance : il n'est
coursier au monde qui ferait un Paris-Bordeaux comme Stéphane ou Lesna; un vingt-quatre heures comme Huret ou Rivierre,
un six heures comme Linton ou Michaël. Et l'homme y est tout
entier, avec sa force et sa volonté... Sur la bicyclette, l'homme au
guidon doit tout prévoir, et quelles finesses de voltes, quelles
imperceptibles, quelles foudroyantes manœuvres, quelle soudai-
neté de décision, quels éclairs d'énergie! Où donc est la bête qui
peut si finement s'écarter, raser de si près l'obstacle, et le con-
tourner avec cette précision audacieuse?

Oui, la bicyclette est un organe. Mieux encore que la raison,
l'instinct nous assure que ce n'est plus ici une création purement

automatique; d'un simple coup d'œil, ce semble, on entrevoit qu'un nouvel homme passe, lorsque nous voyons rouler le fin vélocipédiste sur nos chaussées pleines de lourds véhicules.

Sur route, « les cyclistes se baignent d'air, exposent leurs visages à la brise réconfortante, se mêlent à la fugitive magie des champs, des forêts et des plages. Le sang revient aux veines, l'énergie reprend aux cœurs taris, aux nerfs affaissés, aux poitrines rétrécies dans les atmosphères « pourries d'humanité ». L'homme et la femme se trempent, se nourrissent d'espace, se saturent de rapidité, et la mécanique qui tuait tout effort, a cessé d'effarer et de décourager notre génération. »

Ces paroles sont justes autant qu'éloquentes. En adaptant à ses pieds un mécanisme roulant, l'homme multiplie ses moyens propres de locomotion au point de se croire en possession d'un nouvel organe. Cela est si vrai, que selon qu'il est privé ou pourvu de cet organe, son œil apprécie différemment les distances, phénomène toujours frappant pour quiconque accomplit un même trajet tantôt à pied, tantôt monté sur un cycle.

Comme tous les merveilleux produits de l'industrie humaine, comme toutes les inventions qui bouleversent nos habitudes, la bicyclette a été fort décriée à son origine. « Il n'y a pas lieu d'accorder à ces légers appareils une vertu bien grande », lisons-nous dans un ouvrage sur la Locomotion remontant à une dizaine d'années. « Cela restera dans le domaine de l'acrobatie, » est-il dit ailleurs.

Plus tard, lorsque cette « vertu » eut montré ses preuves, les dénigreurs quand même, se sont rabattus sur la question esthétique. « Les cyclistes, les femmes surtout, manquent, disaient-ils, d'élégance. » C'était un peu généraliser. Il est certain que l'usage de la vélocipédie accorde rarement de la grâce aux personnes dont la démarche en est ordinairement dépourvue, tandis que les femmes élégantes conservent, à bicyclette, leur grâce naturelle, en admettant que l'habitude de ce sport soit assez grande pour leur laisser sinon la liberté, du moins l'aisance de leurs mouvements.

Mais venons-en de suite aux questions plus immédiates, à celles qui se posent sur le vélocipède lui-même, et d'abord sur son origine.

Si l'on peut donner le nom de vélocipède à ces bâtons montés sur deux roues et chevauchés par des génies de l'air qu'on voit sur certains monuments figurés, laissés par l'ancienne Égypte, il est possible, par cela même, que le cyclisme ait été en usage au temps des Sésostris. Mais mieux vaut ne pas nous engager dans une voie qui nous amènerait à conclure de l'existence du monocycle dans l'antiquité, sous prétexte que la déesse Fortune n'avait pas son égale dans ce genre de locomotion.

Le premier essai vélocipédique sur lequel nous ayons un document sérieux consiste en une voiture à quatre roues, décrite par Ozanam dans un rapport à l'Académie royale des sciences (1693). Cette voiture était actionnée au moyen de deux pédales, par un laquais situé, debout, à l'arrière du véhicule. L'inventeur était un médecin de La Rochelle, nommé Girard. L'histoire ne nous dit pas si l'on construisit plusieurs modèles de cette voiture.

Au dix-huitième siècle, on assista tant en France qu'en An-

Voiture d'Ozanam. — Fac-simile d'une figure de l'ouvrage d'Ozanam, intitulé *Récréations mathématiques*.

gleterre à différents essais isolés de carrosses mus par des rouages que les pieds ou les mains mettaient en action, mais rien de tout cela n'était pratique, à cause de la force considérable qu'il fallait déployer pour mettre ces véhicules en mouvement.

On place en 1790 la naissance du véritable aïeul de la vélocipédie. Le premier *célérifère*, tel il fut baptisé, avait été construit par un M. de Civrac. « La description de ce véhicule, dit M. J.-H. Aubry (*Revue encyclopédique*) est assez sommaire pour que nous nous y arrêtions : Une grosse poutre de bois munie d'une selle et maintenue par deux roues au moyen de deux traverses entaillées. A l'avant, un montant percé par une barre d'appui. De direction, point. On se lance sur cet appareil en courant, les jambes écartées, et l'impulsion une fois donnée, on plie les jambes. On recommence à prendre élan lorsque la machine est sur le point de s'arrêter. En terrain plat ou dans les descentes, on arrivait ainsi à franchir une certaine distance dans un temps relativement court; par contre, dans les montées on avait la ressource, soit de porter, soit de pousser devant soi son véhicule... La forme rudimentaire du célérifère de M. de Civrac ne tarda pas à se modifier : la poutre grossière devint un cheval gracieux, un lion féroce, un cerf rapide; tous les grands animaux de la création auraient payé leur tribut au célérifère, baptisé à la Révolution *vélocifère,* si une autre invention n'était venue le détrôner. »

Cette invention était celle du pouvoir de commander sa direction, du *guidon*; guidon primitif, il est vrai, de même que l'invention de la paire de roues placées dans le même axe, quoique

Course de draisiennes au jardin du Luxembourg. — D'après une gravure anonyme, en couleurs.

primitive, appliquait néanmoins à la vélocipédie le principe de l'équilibre.

Ce guidon commandait la roue de devant qui était articulée sous la poutre, au moyen d'un pivot. Un baron badois, nommé Drais de Sauerbronn (1784-1851), maître des forêts du grand-duché de Bade, l'importa à Paris sous la Restauration. Les machines du baron Drais furent appelées *draisiennes* et aussi *célérifères*.

« Si notre mémoire est fidèle, la première qui ait paru, dit un

auteur, fut celle qu'on montait au jardin de Tivoli, à l'époque où ce jardin, situé alors rue de Clichy, réunissait l'élite de la société. »
L'existence d'une petite gravure en couleurs avec cette légende : *Les Draisiennes à Tivoli* (Premier vélocipède présenté à Tivoli en 1817) corrobore cette opinion. Il faut croire que les draisiennes eurent une certaine vogue dès leur apparition, puisqu'un autre graveur crut devoir en perpétuer le souvenir dans l'estampe que nous reproduisons ci-dessus.

Hobby-horse.

En Angleterre, les anciens célérifères aussi bien que les draisiennes furent confondus sous le terme un peu méprisant de *hobby-horse* (*hobby*, benêt, *horse*, cheval) que nous pouvons traduire par *dada*.

Le hobby-horse fit fureur chez nos voisins.

Il est vrai qu'entre les mains du carrossier Knight la draisienne fut très allégée, très assouplie, le fer entrant en grande proportion dans la construction des hobby-horse.

Oublié en France pendant plus de dix ans, le vélocipède reparut en 1830. A cette époque un fonctionnaire public nommé Dreuze, nous apprend *l'Année scientifique*, perfectionna la draisienne : il assura au cycliste le point d'appui sur l'essieu des deux roues et non sur le sol.

On venait seulement de créer le service des facteurs ruraux dans toutes les communes de France (1er avril 1830). « M. Dreuze, qui appartenait à l'administration des Postes, eut l'excellente idée de proposer son appareil pour le service des facteurs ruraux qui devaient y trouver de grandes facilités pour l'exactitude et la rapidité de leur service, en même temps qu'un notable allégement à leurs fatigues.

Le projet de M. Dreuze fut adopté et mis à exécution. Malheureusement, l'hiver était survenu, le service de facteurs montés sur des vélocipèdes présenta quelques difficultés : les roues patinaient sur la neige durcie et n'avançaient pas.

On aurait dû se dire qu'il n'y avait qu'à suspendre l'emploi de ces appareils pendant les jours de verglas. On trouva plus court de tout arrêter, et par ordre supérieur, les vélocipèdes furent retirés aux facteurs ruraux. »

Nous ne saurions dire si l'appareil Dreuze était une nouvelle édition du tricycle d'Ozanam avec son système de levier à poulies, système qui eut quelque succès en Angleterre aux environs de l'année 1819.

Mais les tricycles primitifs ne pouvant lutter de vitesse même avec les draisiennes, le résultat était mince, et la vélocipédie serait longtemps restée à l'état d'enfance, si un jeune garçon de treize ans, Ernest Michaux, ne l'en avait tirée en inventant la *pédale* (1).

Vélocipède Michaux, à roues en bois (1865).

(1) On peut encore citer, pour épuiser la courte liste des inventions vélocipédiques

Ernest Michaux, fils d'un serrurier de Bar-le-Duc, faisait son apprentissage dans l'atelier de son père, lorsqu'on apporta un jour, une draisienne à réparer. Ceci se passait en 1855. La réparation faite, l'enfant n'eut rien de plus presser que d'essayer la machine, mais se voyant à tout instant obligé de la pousser avec la pointe du pied, il se promit, chemin faisant, d'essayer l'adaptation d'un système qui agirait directement sur les roues.

Rentré à l'atelier, Ernest Michaux se mit à la forge, coupa en deux une barre de fer, couda chacune de ces parties aux deux extrémités, les fixa à l'axe de la roue directrice, et de nouveau s'élança sur la draisienne.

Le jeune Michaux n'alla pas loin. Avant de se prouver à lui-même l'excellence de son système, il fallait trouver l'équilibre; il le trouva, mais au prix de pas mal de chutes.

Néanmoins le vélocipède était né. L'invention du fils ne tarda pas à profiter au père qui se consacra exclusivement dans la suite, à la construction de ces véhicules (1).

de la première moitié du dix-neuvième siècle, le *Facilitator*, construit par l'Anglais Smith, de Liverpool, en 1818, et dont les deux paires de roues étaient garnies de courroies de transmission. A l'avant était une cinquième roue directrice. On actionnait le Facilitator avec les pieds et les mains. Un autre Anglais découvrit en 1839 l'*Aellopode* qu'on mettait en mouvement avec les mains comme un cheval à mécanique. Enfin, un carrossier français du nom de Lassalle, exhibait à l'Exposition universelle de 1855, le *Pédocaèdre*, immense roue supportant sur son axe prolongé un cavalier de chaque côté — et de même poids (!)

(1) Quelques auteurs attribuent l'invention de la pédale, non au jeune Michaux, mais à son père, et ils affirment que cette invention fut laborieuse, le constructeur ayant essayé deux systèmes consistant : le premier en une longue barre de bois adaptée à l'un des rayons de la roue de derrière, formant un levier que le cavalier manœuvrait d'une

« Le peu de cohésion des fabricants des différents pays eût sans doute retardé l'expansion de la nouvelle invention française qui a tant influé sur les progrès de la vélocipédie, dit M. Aubry, (art. cit.) s'il ne se fût trouvé parmi les ouvriers de la maison Michaux un homme ambitieux, nommé Pierre Lallement. Celui-ci rêve aussitôt de porter la bonne nouvelle au Nouveau-Monde, et d'être le premier à en tirer profit.

On parlait alors beaucoup des milliardaires d'Amérique : Lallement trouverait tout de suite des capitaux pour exploiter le nouveau vélocipède. Il partit dans le Connecticut, où il trouva à s'associer avec un nommé Carrol. Malheureusement l'indifférence américaine vint à bout de leurs efforts et Lallement dut repasser l'Atlantique, laissant toutes ses illusions bien loin derrière lui. Lorsqu'il arriva, l'Exposition universelle de 1867 s'ouvrait à Paris, où Michaux, aidé des fonds de MM. Olivier frères, avait prospéré au point que ses machines se vendaient 600 francs. Lallement s'établit pour lui faire concurrence; il construisit sans scrupule un vélocipède sur le modèle des Michaux dont Carrol vendit là-bas le brevet. »

L'année 1868 vit une invention qui passa pour ainsi dire inaperçue, celle des rayons en fils de fer. Elle appartient à M. Rous-

---

main, tandis que de l'autre il se dirigeait; le second en une adaptation de la barre de bois à un levier fixé par son autre extrémité à l'axe de la roue directrice. L'inutilisation des pieds selon ces deux systèmes aurait décidé l'inventeur à leur faire mouvoir la pièce coudée, en fabriquant deux de ces pièces, une pour chaque pied, et en y ajoutant deux gros clous plantés à angle droit sur les manivelles : ces clous furent les premières pédales.

seau, président d'une société vélocipédique de Marseille, le *Vélo-Sport*.

L'année 1869 vit naître une multitude d'inventions parmi lesquelles il ne faut retenir que l'adaptation du bandage en caoutchouc aux cercles des roues — M. Thévenon, lyonnais, *invenit* — et l'adaptation aux axes, de boules d'acier formant chapelet et roulant sous le moindre effort. Cette application de la mécanique à la vélocipédie est due à un horloger de Paris, M. Suriray, qui la prit à l'industrie, les coussinets à boules existant depuis 1857. Ce fut le même M. Suriray qui confectionna ces selles cannées que plusieurs maisons fabriquent encore aujourd'hui en y ajoutant des ressorts.

Le *véloce*, comme on disait alors, avait pris assez d'importance pour occuper la presse et susciter les jalousies des bourgeois, au point que ceux-ci parvinrent à en interdire la circulation dans les rues de Paris. Le vélocipède était ni plus ni moins assimilé aux jeux de quille et de bouchon qu'il est défendu d'organiser sur la voie publique.

Les vélocipédistes se réfugièrent au Pré-Catelan où ils devaient se rendre en fiacre (!) et n'en revenir qu'à partir de 7 heures du soir. De plus on parlait sérieusement de mettre un impôt de 50 francs sur chaque machine.

Pour supporter cet âge de fer, le vélocipède n'était qu'en bois, mais il avait ses partisans et bientôt son organe : le *Vélocipède illustré*, et puis un cercle, le *Véloce-club*.

La même année, des courses, des sociétés s'organisaient dans plusieurs villes de France : la vélocipédie avait pris sa place au soleil. Nous nous rappelons avoir assisté, tout jeune, à ces singulières courses d'antan, où chaque vélocipédiste devait être doublé d'un acrobate, et pour arriver bon premier, gravir et descendre avec succès, d'énormes buttes en terre, de véritables épaulements, puis passer avec la même facilité sur des planches étroites jetées en travers de trous profonds et pleins d'eau.

Cependant, il n'y eut pas que des courses à obstacles.

Le *Vélocipède illustré* organisa le 7 novembre 1869 une course de fond entre Paris et Rouen. Sur 323 coureurs inscrits, une centaine partirent, une trentaine arrivèrent au but. Le premier fut un Anglais, J. Moore, qui franchit en 10 heures 123 kilomètres, soit environ 12 kilomètres à l'heure.

Passons sur les inventions les plus extravagantes en monocycles, bicycles et tricycles qui naquirent et moururent à la fin de l'Empire. La plupart de ces véhicules n'étant pas nés viables, ne furent pas tous exécutés à seulement deux exemplaires, mais il n'est pas douteux que tant de recherches eussent abouti à de véritables perfectionnements, si la guerre franco-allemande n'avait tourné les esprits vers des questions plus capitales et interrompu les travaux des fabricants pendant plusieurs années. La *Compagnie parisienne* qui avait eu quelque temps à sa tête le fils Michaux, ferma ses ateliers. Michaux dut entrer à Bicêtre, et son père dans un hospice de vieillards, où il mourut en 1883.

Tandis qu'en Angleterre la vélocipédie se répand de plus en plus, sans se signaler toutefois par des améliorations notables, en France, elle semble démodée, et ce n'est qu'en 1873 et 1874 que les

Grand bicycle, dit *grand Bi*.

courses et les sociétés de cyclistes recommencent à s'organiser. C'est un encouragement pour les constructeurs qui reprennent leurs outils. L'un d'eux, Jules Truffault, de Tours, cherchant le moyen d'alléger les véloces, découvre la jante creuse, en fer, bien entendu, et où doit s'insérer un boudin de caoutchouc. L'année suivante le même fabricant parvient à loger dans les jantes 304 rayons d'acier extraordinairement ténus.

A l'exposition universelle de 1878, on admire un bicycle construit par les frères Renard, mécaniciens à Passy. La grande roue de ce bicycle n'a pas moins de 2 mètres de diamètre, les constructeurs étant partis de ce principe que « le cavalier est d'autant plus stable que la roue est plus haute ». Les chutes, il est vrai, n'en sont que plus redoutables, mais le bicycle Renard développe 6^m,283 à chaque tour de roue, résultat superbe.

Le grand bicycle Renard était donc un phénomène; un parallélogramme mettait les pédales à portée des pieds. Hâtons-nous de dire que les autres véloces provenant de cette maison, dépassaient rarement 1^m,60 de hauteur.

Les frères Renard furent les premiers à établir des rayons *tangents*. Auparavant on ne connaissait que les rayons *directs*, ceux qui vont du centre de la circonférence à la jante par le plus court chemin, la ligne droite. L'inconvénient des rayons directs en fer, était qu'ils vibraient dans toute leur longueur et qu'ils s'usaient assez rapidement à leur point de jonction avec le moyeu. Les rayons tangents s'entrecroisant une fois entre le moyeu et la jante, leur vibration ne s'exerce que sur une longueur réduite, puisqu'elle est arrêtée à leur intersection. De plus, dans les rayons ainsi montés, la traction se fait selon leur direction. Enfin le rayon tangent possède sur le rayon direct l'avantage de pouvoir se changer sans détériorer le moyeu, ce qui était presque inévitable lorsque le rayon direct se brisait dans le moyeu.

En 1879 et 1880, la construction des cycles fait des progrès immenses dont l'honneur revient cette fois à l'Angleterre.

Le chef d'une usine fort importante de Coventry, James Starley, après avoir vainement cherché le problème de la stabilité dans les *tricycles*, point resté jusqu'alors défectueux, surtout dans les virages où le train de derrière ne pouvant suivre l'inclinaison de la roue directrice, occasionnait de nombreuses chutes, James Starley applique à la vélocipédie le *mouvement différentiel*. « Cette partie de la machine est placée sur l'axe des grandes roues, dit *La Vélocipédie pour tous;* elle se compose d'un ensemble d'engrenages formé par quatre roues dentées (pignons) deux grandes et deux petites, placées perpendiculairement par couples, de telle sorte que les roues solidaires pendant une marche en ligne droite, deviennent indépendantes dans les virages. On comprend, en effet, que, dans les virages, la roue intérieure fait moins de chemin que la roue extérieure ; donc elle doit déraper et frotter fortement sur le sol si elle est liée à la roue extérieure, ce qui doit entraîner, en outre, un grand effort de torsion sur l'axe. Le mouvement différentiel a eu pour résultat de parer à cet inconvénient en permettant à chaque roue de tourner sur le sol en proportion exacte du chemin parcouru par chacune d'elles. Grâce à cet expédient, les deux roues peuvent tourner en sens inverse; pendant ce temps les pédales sont immobiles; par contre, si l'on actionne une pédale, les deux roues se mettent à marcher ensemble et dans le même sens. Le mouvement différentiel très facile à comprendre quand on en voit le fonctionnement, est toujours un sujet d'étonnement pour ceux qui ne le connaissent pas, d'autant plus que la plupart du temps il est invisible et enfermé dans une boîte ayant pour but de le mettre à l'abri de la pluie et de la poussière. »

Le *tricycle* rationnel était trouvé, et avec lui tous les avantages attachés à ce véhicule : le stationnement en machine, l'apprentissage rapide, le transport aisé d'un bagage... Mais à quand l'invention de la *bicyclette*, plus légère, plus rapide, moins accessible au vent, moins encombrante, moins coûteuse?

Nous avons hâte de la décrire, cette bicyclette de 1880, et pour y arriver, nous passons dédaigneusement devant ces *Special Salvo*, ces *Meteor tricycle*, ces *Excelsior*, ces *Extraordinary Challenge*, ces *Telescopic* et devant les bicycles *Omnibus*, *Elastic*, *Express*, *Fantôme*, et devant tous les *Invincible* du monde, vaincus en un jour par la bicyclette, Reine de la route!

Vaincus en un jour, est manière de parler. A son apparition, la bicyclette est traitée de « petit monstre » par le journal *le Veloceman*, qui l'accuse de n'être pas née viable « parce que la roue mo-

trice d'une machine doit être située à son avant », et l'on semble
compter pour rien cette transmission de mouvement à l'aide de
la chaîne dont l'invention appartient à un contre maître d'usine
anglais, nommé Lawson.

La bicyclette primitive est loin de rappeler les élégants modèles
que nous exhibons aujourd'hui, mais au moins elle présente cet
avantage d'être accessible à tout le monde, et de n'obliger plus le

cycliste à grimper sur
un perchoir. Ses mani-
velles actionnent un pi-
gnon qu'une chaîne re-
lie à un deuxième pignon
plus petit, fixé au moyeu
de la roue d'arrière, et
dont le nombre des dents
est deux ou trois fois

La première bicyclette (1880).

moindre, de sorte qu'un tour du grand pignon multiplie deux ou
trois fois le tour de la roue motrice.

Cinq années de recherches aboutirent au *Kangaroo*, petit bicycle
dont les fourches prolongées au-dessous de l'axe recevaient des
manivelles auxquelles étaient fixés deux pignons actionnant deux
chaînes que rejoignaient deux autres pignons fixés à l'axe de la
grande roue.

Le *Kangaroo* était peu pratique à cause de la tension inégale
des chaînes.

A la même époque on vit apparaître le *Safely* avec chaînes
ou sans chaînes, l'un et l'autre peu rapides; le *Sphinx*, mû au

moyen d'engrenages contenus dans une boîte fermée et dont la disposition multipliait la machine au double. L'invention du *Sphinx* était due à Truffault de Tours (1883); il avait, comme toutes les machines à engrenages l'inconvénient de ne pas être très docile aux différentes pressions exercées sur les pédales.

Le Rover (1885).

On vit aussi le *Rover* dont la direction était située entre les deux roues, ce qui ne les rendait pas d'un maniement facile, mais écartait les risques de chute en avant et en arrière; puis le *Claviger*, le *Facile*, le *Star* et quantité d'autres « bicycles de sûreté » machines perfectionnées auxquelles les imperfections ne manquaient pas.

Enfin le *Pioner* (1886) était digne malgré ses formes encore grossières, de recevoir le nom de bicyclette. Le *Pioner* était une bicyclette à corps droit ou en croix; la selle était placée au sommet de la branche du haut. On ne pouvait s'affranchir en une fois de la forme du bicycle.

Peu à peu les lignes courbes remplacèrent les lignes droites, mais on en reconnut bientôt l'inconvénient. Les courbes doivent être rejetées lorsqu'il s'agit de pièces qui ont un poids à soutenir et des trépidations à éprouver, c'est pourquoi rien n'était plus rationnel dans l'architecture de la bicyclette que le *cadre*, le cadre complet allant de la direction à la tige de selle, puis à l'axe de la roue de derrière et de là à l'axe du pédalier pour venir se fermer au-dessus de la fourche.

Les coussinets à billes que Suriray, dont nous avons parlé,

Le Pioner (1886).

n'avait pu faire adopter en 1869, sont communément employés aujourd'hui dans le mécanisme de la bicyclette. Pédales, pédalier, moyeux, direction, tous les roulements sont à billes. Sous l'action du pied, les billes logées sur des cônes incurvés, maintenues par un cylindre qui les emboîte, entrent en course.

Les *pédales* peuvent affecter différentes formes, mais on n'en fait que de deux genres : la pédale *à scie* et la pédale *à caoutchouc*. La première est de beaucoup la plus employée, comme étant la plus légère et surtout parce qu'elle tient mieux au pied. Son seul inconvénient est d'érailler à la longue la semelle des chaussures.

La seconde est plus lourde et glissante lorsqu'elle est mouillée, mais elle est plus douce sous le pied. Il est très utile de s'habituer aux *cale-pieds* ou *rattrapes* que l'on adapte aux pédales pour empêcher le pied de les quitter et lui laisser l'emploi de toute sa force, aux montées et aux descentes.

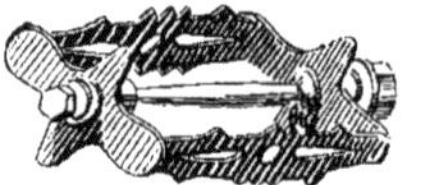

Pédale à scie.

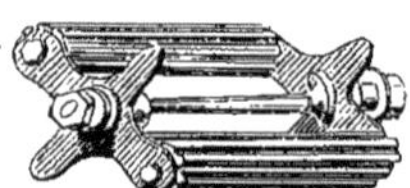

Pédale à caoutchouc.

La *chaîne*, qui primitivement était fort lourde a été allégée tout en restant solide. Ses maillons sont ou à axes *fixes*, ou à axes munis de *rouleaux*. Les maillons à axes fixes ont l'inconvénient d'user trop vite les dents des pignons, lorsqu'un *carter*

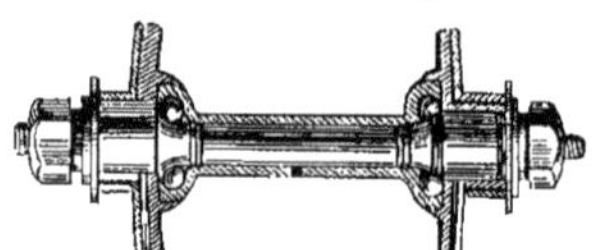

Coupe d'un axe, laissant voir les billes.

ou garde chaîne, ne les protège pas contre la poussière et la boue; en revanche, ils n'exigent, pour ainsi dire, aucun entretien; de loin en loin, il suffit d'enduire la face interne de la chaîne à axes fixes, d'un peu de vaseline ou d'huile de pétrole. Dans la chaîne du second genre, chaque maillon possède un véritable petit rouleau qui tourne autour d'un axe à son passage sur chaque dent des pignons. La chaîne à rouleaux serait donc plus « roulante » mais elle réclame une surveillance constante et un nettoyage plus complet. Il existe aussi une chaîne, dite *à leviers,* très douce, mais délicate et d'un entretien difficile.

Puisque nous sommes sur le chapitre de la transmission, disons un mot des systèmes à engrenages, préconisés par quelques fabricants.

Les machines à engrenages sont simples et charmantes d'as-

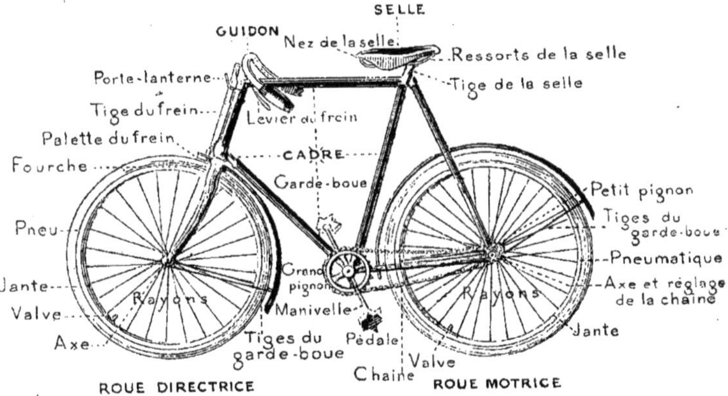

Anatomie d'une bicyclette.

pect. Elles semblent moins primitives que les machines enchaînées tout en l'étant davantage, car l'application des engrenages à la vélocipédie, a précédé l'emploi de la chaîne. Autre avantage, elles se dérèglent moins facilement que les machines enchaînées, enfin leur entretien est pour ainsi dire nul. Elles ont toutefois des inconvénients. Le plus grave consiste dans le coût et la difficulté de la réparation, si l'une des dents vient à se briser, si les roues dentées prennent du jeu. Un autre désavantage propre à ces machines est, nous l'avons dit plus haut, leur manque d'élasticité sous la pression du pied, ce qui est gênant pour le départ, pour les changements d'allure et de direction.

La *selle*, sur laquelle le cycliste prend place, est depuis longtemps l'objet d'études qui ne semblent pas avoir abouti à nous donner le modèle qui réunisse toutes les exigences : la rigidité sans la fatigue, et la douceur sans l'échauffement des organes. « D'ailleurs la recherche de la selle idéale pour chacun n'est pas facile, dit un auteur; beaucoup de cyclistes n'ont jamais pu arriver à en trouver une leur convenant à tous les points de vue. Cela provient des différences nombreuses — et variées pour le même cycliste, ajouterons-nous — dans la façon de se tenir sur la machine, du degré de sensibilité de chacun, de la dose de malaise occasionnée par les trépidations. »

Les selles sont en nombre extrêmement varié; elles sont en cuir, en velours, en paille cannée et plus ou moins tendues, plus ou moins suspendues, plus ou moins rembourrées. Il existe des selles sans bec, des selles oscillantes, des selles à parties rentrées, des selles à mouvements alternatifs, des selles pneumatiques, etc...

Le *frein*, que beaucoup de cyclistes dédaignent, à tort selon nous, car l'absence du frein oblige, en pays inconnu, à une prudence parfois déplacée, ou expose à des accidents graves devant un obstacle subit, le frein est généralement à *sabot* et agit directement sur la roue d'avant. Le sabot du frein est relié à une tige articulée surmontée d'une poignée qu'on actionne avec la main. L'emploi fréquent de ce système usant l'enveloppe du

pneumatique, on a trouvé un autre, qui se compose d'un tam-
bour agissant sur le moyeu de la roue d'arrière et d'une tige
de transmission. On fabrique des freins dont les tiges passent
dans les tubes, ce qui ne dépare pas les machines.

Les *jantes*, c'est-à-dire les cercles des roues, se font en bois, et
en métal. Les jantes en bois sont très en faveur en Amérique.
Elles sont plus légères que les jantes en métal, mais tout accident

Coupe d'une jante pleine.

Coupe d'une jante creuse.

exige leur remplacement. Les jantes en métal sont dites *pleines*
ou *creuses*. Les premières, formées par un demi-tube en métal
plein, les secondes par un tube étiré et dont la coupe aurait la
forme d'un croissant. Les jantes creuses ont deux avantages sur
les pleines; elles sont résistantes tout en étant plus légères, celles-
ci devant être fort épaisses pour résister aux chocs, aussi les jantes
pleines sont-elles surtout employées dans la construction des machines à bas prix, comme étant moins coûteuses.

Les jantes en métal sont généralement entourées d'un caoutchouc qui est tantôt *plein*, tantôt *creux*, tantôt *pneumatique*.
On ne fabrique pour ainsi dire plus de caoutchoucs des deux
premiers genres, leur élasticité ayant été incomparablement
dépassée depuis l'invention des pneumatiques. Le caoutchouc
plein fut employé, nous l'avons vu, dès 1867 ; le caoutchouc
creux, plus lourd et pas beaucoup plus souple fut substitué au

précédent en 1887. En 1889 et 1890 le pneumatique opéra une révolution complète dans le domaine du cyclisme.

L'idée de l'emploi de l'air pour la suspension des roues est due à R.-W. Thomson. En 1846, cet inventeur disait dans la notice où il expliquait son système : « Mon invention consiste en l'application de supports élastiques autour des bandes des roues de voitures, afin de diminuer la puissance nécessaire pour les tirer et pour rendre leurs mouvements plus doux et diminuer le bruit qu'elles font en roulant. Pour obtenir ce résultat, j'emploie de préférence un cordon creux composé d'une substance imperméable à l'air et à l'eau, telle que du caoutchouc sulfurisé ou de la gutta-percha. J'enfle ce cordon creux d'air, de sorte que les roues présentent, pendant toute leur évolution, un coussinet d'air au sol ».

Quarante-deux ans après, un Irlandais, M. Dunlop eut l'idée d'appliquer le cordon creux, c'est-à-dire le tube en caoutchouc, aux roues des cycles. Thomson avait baptisé d'*aériennes* les roues de ses voitures; les caoutchoucs Dunlop, furent appelés *pneumatiques*.

Tout le monde connaît aujourd'hui le système des *pneus*, tubes de caoutchouc logés dans les jantes et gonflés d'air au moyen d'une pompe.

L'air est introduit dans une valve ou clapet, qui se referme par la pression de l'air emmagasiné. Ces tubes en caoutchouc, appelés aussi *chambres à air*, sont préservés par une *enveloppe* ou *bandage* en tissu de chanvre ou de coton, recouvert lui-même d'une couche de caoutchouc vulcanisé.

Lorsqu'un pneumatique passe sur un terrain présentant des aspérités, l'air comprimé à l'intérieur faisant ressort, cède sous la pression, chaque fois qu'elle est exercée à l'extérieur sur le bandage. Le pneu est donc un merveilleux anti-vibrateur et par cela même un augmentateur de vitesse, puisqu'il annihile en partie la trépidation. (Voir Chap. I, p. 12 et 13).

Il a cependant des inconvénients : d'abord il est sujet à se percer lorsqu'il passe sur un clou, une épine, un tesson; ceci amène le dégonflement, qui nécessite une réparation toujours ennuyeuse; ensuite il lui arrive de *déraper* sur un terrain mouillé et gras, en raison même de son élasticité; cette dérogation aux lois de la « bienséance » entraîne généralement la chute du cycliste. Hâtons-nous de dire qu'un cycliste attentionné « crève » rarement et ne « dérape » jamais.

La *multiplication* d'une bicyclette est le rapport qui existe entre le diamètre de la roue motrice et la longueur du chemin parcouru par la bicyclette, par suite d'un tour complet des pédales. Lorsqu'une machine est multipliée, par exemple, à $1^m,95$, cela signifie que le rapport des deux pignons réunis par la chaîne est tel, que la machine accomplit en un tour de pédale le chemin que couvrirait une roue de $1^m,95$ de diamètre en faisant un tour complet sur elle-même.

On trouve la multiplication d'une machine, en multipliant la mesure du diamètre de la roue motrice par le nombre de dents du grand pignon et on divise ce produit par le nombre de dents du petit pignon. Exemple : la multiplication d'une machine dont la roue motrice a $0^m,70$ de hauteur, dont le grand pignon a 19 dents et le petit, 7, est de $\frac{70 \times 19}{7} = 1^m,90$.

Pour connaître la distance couverte par un cycle à la suite d'une révolution complète des pédales, on multiplie le chiffre de la multiplication par 3,1416, produit qui est la mesure de la circonférence. Notre bicyclette, multipliée à $1^m,90$, avance à chaque

Sociable-quadricycle.

tour de pédale, de $5^m,96$ centimètres ($1,90 \times 3,1416 = 5,96904$); c'est ce que l'on nomme son *développement*. Un cycliste sérieux doit connaître ces simples notions, afin de n'être pas pris sans vert, lorsqu'on le prie d'expliquer pourquoi il fait tant de chemin avec si peu de mouvements.

La bicyclette et le tricycle (la tricyclette, devrait-on dire pour ne pas confondre avec les anciens tricycles) ne sont pas les seuls vélocipèdes existants. Dès longtemps on a construit des machines multiples ou à plusieurs places.

Le *sociable* était un large tricycle à deux places parallèles et à deux paires de pédales. On en fit de démontables, pouvant être convertis en tricycle simple. Ces machines ne furent jamais d'un usage courant, à cause du poids qu'il fallait leur donner pour éviter la torsion de l'axe, en outre la situation de deux personnes l'une à côté de l'autre offrait trop de résistance au vent. Le *Tandem tricycle* n'avait pas ce dernier inconvénient, mais il manquait de stabilité. On fit aussi des quadricycles, soit quatre roues à faire mouvoir.

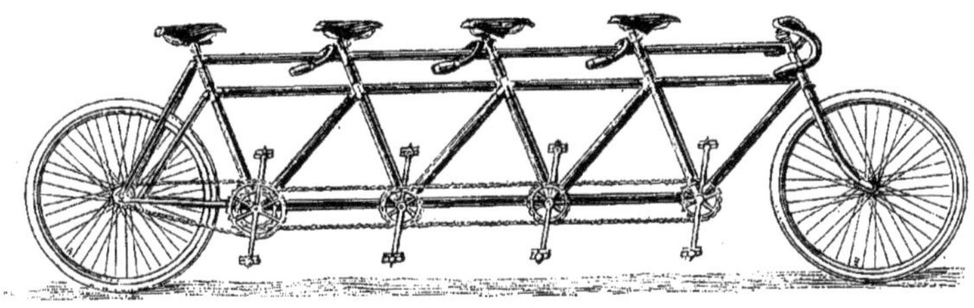

Quadruplette.

Les machines à plusieurs places en usage aujourd'hui sont les bicyclettes *tandem* (1), les *triplettes*, les *quadruplettes*, les *quin-*

(1) Dans la bicyclette tandem, les cavaliers sont placés l'un devant l'autre; il en résulte un double inconvénient pour le voyageur situé par derrière : 1° il a la vue gênée par son compagnon de devant, 2° il n'entend que fort difficilement ses paroles.

Un constructeur américain de Rochester vient de remédier à cet inconvénient, en inventant le *Sociable-Bicyclette* pour les personnes qui tiennent plus à la promenade qu'à battre les records de vitesse.

Cette machine n'est autre chose qu'une bicyclette dont les deux selles sont parallèles et dont la roue d'arrière tourne autour d'un axe très long aux extrémités duquel sont fixés deux pignons sur lesquels passent deux chaînes distinctes. Les deux cadres sont ouverts comme les cadres pour dames, un double guidon lié par une tige métallique à la douille de tête de l'appareil, commande la direction.

Les voyageurs sont donc situés de chaque côté des roues, à la façon d'un bât de mulet. Malgré cela, il n'est pas nécessaire que les cavaliers soient du même poids.

tuplettes; on a même construit en Amérique une *nonaplette*. Neuf velocemen, dix-huit pédales n'actionnant que deux roues, cela peut constituer un joli train. Ajoutons que les tandems sont seuls employés communément : les machines à plus de deux places étant plutôt montées par les équipes d'*entraîneurs* (1).

Ce mot nous entraîne lui-même à parler du sport cycliste, sujet sur lequel nous ne saurions nous étendre sans dépasser les limites d'un programme déjà fort chargé. Il est vrai que l'industrie et le sport cyclistes ont fait preuve d'une vitalité concertante qui les lie bien l'un à l'autre, et qu'au surplus le prestige de la bicyclette ne saurait être proclamé sans qu'on glorifie à leur tour ses prodigieux champions.

Nous avons dit que les courses vélocipédiques primitives étaient un peu trop assimilées aux *steeple-chase*. Depuis lors on a multiplié les courses sur route, encore actuellement en vigueur.

En 1871, M. Gaiffe parcourt à Besançon 35 kilomètres en 1 h. 46, soit 330 mètres à la minute, ce qui semble prodigieux pour l'époque.

« Une légère inclinaison de la machine en marche suffit pour compenser la différence. » En plaçant une des selles dans l'axe des roues, un seul cycliste peut actionner le sociable-bicyclette avec assez d'aisance.

(1) « Ce sont là, dit M. Baudry de Saunier, de pesantes fantaisies qui ne peuvent rouler que sur des lignes droites. En effet, nos pistes de course n'ont pas de virages à rayons assez longs pour permettre l'évolution facile à des bicyclettes de plus de quatre places, et si la maison *Gladiator* a construit une quintuplette qu'on aperçoit sur les vélodromes, du moins a-t-elle placé son cinquième cavalier en arrière de la roue directrice, pédalant au centre de cette roue par un mouvement multiplicateur, en sorte que l'appareil n'a pas une longueur supérieure à celle d'une quadruplette. Nos pistes ont été construites en vue de vitesses de 30 à 40 kilomètres à l'heure alors qu'aujourd'hui ces vitesses montent parfois à 65 kilomètres. » (*La Nature.*)

L'année suivante, MM. Viennet et Charlet franchissent la distance de Mâcon à Lyon, aller et retour, soit 150 kilomètres, en 7 h. 50 minutes. En 1873, M. Tissier parcourt 272 kilomètres en 19 heures, et deux ans après, MM. Laumaillé et Pagis vont jus-

Un garage au *Châlet du Cycle* (Bois de Boulogne).

qu'à Vienne (Autriche), accomplissant en 12 jours et 10 heures un parcours de 1.254 kilomètres.

Après cet exploit, l'attention publique est fixée à tout jamais sur les cyclistes de marque et principalement sur les coureurs *de fond*, ainsi qu'on nomme ceux qui accomplissent de longs parcours. Les noms de Tissier, Thuillet, de Civry, Jiel-Laval, Stéphane et surtout de Ch. Terront sont dans la mémoire de tous ceux qu'intéresse le cyclisme. Ce dernier champion a souvent triomphé des coureurs anglais tant en France que de l'autre côté du détroit. Son succès d'adieu (Terront remportait déjà des victoires en 1876) est la course de Paris-Brest et retour (1891) représentant 1.188 kilomètres qu'il couvrit en 72 heures.

Parmi les champions morts prématurément, les annales du cyclisme enregistrent les noms de Médinger, Cassignard et Arthur Linton.

Voici un tableau des principaux records sur piste et sur route :

DISTANCES.	TEMPS.	DÉTENTEUR DU RECORD.	PAYS ET ANNÉE.
100 mètres (départ lancé)	6 secondes.	Morin.	Paris, vélodrome de la Seine, 1896.
100 mètres (départ arrêté)	10 secondes 1/5.	Dunwody.	Vél. de la Seine, 1896.
333 mètres (départ lancé)	20 secondes.	Jacquelin.	Vél. de la Seine, 1896.
1 kilomètre (départ lancé)	1 min. 1 sec. 3/5	Johnson.	Londres Cotford, 1896.
1 kilomètre (départ arrêté)	1 min. 10 sec.	Jaap Eden.	Vél. de la Seine, 1896.
1 mille (1609 mètres départ lancé)	1 min. 39 sec. 4/5.	Hamilton.	Coronado, 1896.
50 kilomètres 420 m.	1 heure.	Tom Linton.	Londres, Crystal Palace, 1896.
249 kilomètres 257 m.	6 heures.	Huret.	Londres, Wood Green.
463 kilomètres 700 m.	12 heures.	Huret.	Londres, Wood Green.
859 kil. 120 m. (Course du Bol d'Or)	24 heures.	Rivierre.	Paris, Vél. Buffalo, 1896.
882 kil. 510 m.	36 heures.	Corre.	Lille, 1894.
1.000 kilomètres	58 heures 35 min. 3 s.	Corre.	Paris - Brest - Alençon, 1892.
1.000 milles.	105 heures 19 min.	T. Edge.	Angleterre, 1896.
Paris-Brest et retour	71 heures 36 min.	Terront.	France, 1891.
Paris-Bordeaux (591 kil.).	20 heures 36 min. 46 s.	Rivierre.	France, 1897.
1.406 milles 200 yards	6 jours à 8 h. par jour.	Waller.	Angleterre, 1897.

On évalue le nombre des cyclistes en France au centième de la population environ, soit à 360.000. Chaque localité un peu importante contient donc un nombre considérable d'individus que leur goût commun du nouveau sport a réunis en sociétés. Les associations vélocipédiques françaises se chiffrent par centaines. Toutes

Préparatifs d'une course sur route.

ont leur importance, tant au point de vue de l'extension du cyclisme que pour conquérir les faveurs de l'administration. Celle qui vient en tête, le *Touring Club de France* a, de par la voix de ses milliers d'adhérents, des moyens d'action qui s'étendent jusqu'aux frontières (1), si ce n'est au delà. Fondé en 1881, le

(1) Grâce à son intervention, cette société a obtenu en 1896 le libre passage des machines aux douanes de Belgique, de Luxembourg, d'Italie et de Suisse. Auparavant ce droit était fort onéreux.

T. C. F. qui a pour but de développer le goût des voyages par les moyens les plus économiques, entreprend des travaux sur routes, installe des poteaux indicateurs, s'assure dans chaque localité la présence d'un mécanicien, vise à obtenir l'unification des frais

Cyclistes promeneurs et coureurs sur piste.

de séjour dans toutes les villes, hormis celles « de saison » où les hôteliers sont obligés de gagner en six semaines de quoi vivre pendant l'année.

A côté du Touring-Club est l'*Union vélocipédique de France* (U. V. F.) l'*Association vélocipédique d'amateurs* (A. V. A.). *Les Excursionnistes Parisiens*, etc., etc.

C'est un peu grâce à l'influence des sociétés que l'on doit l'introduction de la bicyclette dans l'armée. La vélocipédie militaire date de 1886. Les premiers essais furent tentés lors des manœuvres du 18e corps d'armée où cinq bicyclistes furent mis à la disposition du général commandant en chef. Chacun d'eux ayant accompli un service équivalant à celui de trois ou quatre cavaliers, l'expérience était concluante. Depuis lors le cyclisme fut introduit officiellement dans l'armée, d'abord en temps de manœuvres, plus tard en permanence où ils suppléent, dans les places les plantons à pied ou à cheval.

Les vélocipédistes militaires sont, ou régimentaires ou d'état-major. Leur habillement se compose d'un manteau à capuchon, d'une vareuse-dolman avec l'attribut vélocipédique sur le collet, d'un jersey, d'une ceinture de laine et du képi et pantalon de leur Corps. Leurs chemises sont en flanelle de coton. Comme attributs spéciaux ils portent des brassards portant le numéro de leur corps d'armée ou de leur régiment.

Derniers bicycles et premières bicyclettes.

CHAPITRE IV

LES MOTEURS ANIMÉS. — LA BÊTE

Tout ce qui, dans la structure d'un être, sert à la locomotion ou au transport des fardeaux : la force musculaire, l'équilibre des mouvements, le développement des organes respiratoires, est parfois mieux établi chez les animaux que chez l'homme. L'homme a donc dû suppléer à son infériorité en asservissant les bêtes, qui par leurs formes, leurs proportions, leurs mouvements, unissaient la force et la souplesse à la docilité et à l'endurance. Aussi a-t-on pu dire que l'animal pouvait se passer de l'homme, mais non l'homme, de l'animal.

Voyez par exemple le *cheval* : il a le corps épais sans pesanteur, une croupe arrondie et bien musclée, des épaules séparées par un large poitrail, des jambes sèches, élevées, bien d'aplomb, des jarrets souples et énergiques, une encolure forte et de belles lignes, une tête assez grosse mais pourvue de naseaux bien ouverts, d'oreilles mobiles et attentives, d'yeux excellents, même dans l'obscurité... Tout, dans cet animal, le désignait « à la conquête de l'homme », selon le mot de Buffon qui, entre parenthèses, écrivit sur le cheval des pages plus sonores qu'empreintes de vérité.

Aussi peut-on conjecturer que, dès les premières civilisations, l'homme fut amené à utiliser le cheval, soit pour la montée, soit pour l'attelage. Les anciens monuments d'Égypte, très antérieurs à ceux qui nous restent des Grecs et des Romains, représentent beaucoup de chevaux, le plus souvent attelés, d'où l'on a conclu que ce quadrupède fut attaché à un char, avant de porter un cavalier. Notre avis est qu'on ne saurait se prononcer efficacement sur des origines aussi lointaines. Ainsi celles des Centaures, ces monstres moitié hommes, moitié chevaux dont les poètes ont vanté les exploits. Qui nous dit que l'habileté d'un peuple à monter à cheval, les Thessaliens, par exemple, ne donna pas lieu à cette fable? Au quinzième siècle de notre ère, lorsque les indigènes d'Amérique virent les Espagnols montés sur des chevaux, ne crurent-ils pas que la bête et l'homme ne faisaient qu'un?

L'homme dompta le cheval, mais ne s'en tint pas à sa première conquête. Selon les exigences du climat, selon la conformation du terrain, selon les besoins qui diffèrent avec les latitudes, il asservit le bœuf, l'âne, le mulet, le chameau, l'éléphant, le renne, le chien et d'autres bêtes encore. Nous allons passer rapidement ces animaux en revue, et, pour rester dans les limites de notre cadre, nous ne les considérerons qu'au point de vue des services qu'ils rendent à l'homme, soit pour la selle, soit pour le trait.

Dans l'état actuel de nos mœurs et de notre civilisation, on va rarement à cheval; on n'y voyage plus. Les chevaux de selle ne sont plus guère répartis qu'entre l'armée, les équipages

de chasses et les écuries des propriétaires éleveurs. La locomotive, le cyclisme, l'automobilisme ont mis au rancart le beau
« moteur animé »; l'esthétique n'y trouve pas son compte et ne
le trouvera jamais. Aucun produit de l'industrie humaine ne
vaudra, comme aspect, ces bêtes nerveuses, soyeuses, aux muscles bien dessinés, à la croupe saillante, aux jambes fines, aux

Course de chevaux.

extrémités longues, et qui trottent, la queue en panache, l'encolure renversée, la tête portée au vent. Chacun est à même d'admirer, sur le turf, la forme et les allures du cheval de course,
le type svelte par excellence; nous devons, il est vrai, cette
satisfaction platonique, plus à l'amour du jeu et de la spéculation qu'au souci des moyens d'amélioration de l'espèce cheva-
line.

La plus grande vitesse des chevaux de selle est de 15 mètres
par seconde. (Grand prix de Paris, hippodrome de Longchamps,
3.000 mètres; durée moyenne de la course depuis 1863, 3 minutes

20 secondes.) La vitesse du galop est moyennement de 10 mètres, celle du grand trot, de 4 mètres. La vitesse du trot ordinaire est de 3 mètres, celle du trot, de 2^m,2, celle du pas ordinaire, de 1^m,1.

Un bon cheval de selle peut porter un fardeau au moins égal au tiers de son propre poids : c'est 100 kilos, s'il en pèse 300. Le cheval peut avoir acquis tout son développement et n'être pas encore parvenu à sa plus grande force; il y arrive rarement avant l'âge de sept à huit ans, et s'il est bien entretenu, il ne décline pas avant douze ou quinze ans. Le bon cheval de selle doit faire sur un chemin faiblement vallonné environ 10 lieues en 7 heures; si au lieu de porter un homme, il est chargé d'un fardeau inanimé, s'il est bête de somme, il portera 150 kilos pendant un trajet de 7 à 8 lieues par jour.

On pourrait citer bien des exemples de marches extraordinaires fournies par des chevaux : les hauts faits de ce compagnon de l'homme, si souvent mis à l'épreuve par son cavalier et maître, ayant été maintes fois consignés.

Nous nous bornerons à mentionner le voyage qu'un jeune lieutenant de dragons russe, M. Michel Wassilewitch Asséeff accomplit en 1889 entre Loubny-Kiew et Paris, soit un trajet de 2.633 kilomètres. M. Asséeff avait emmené avec lui deux chevaux qu'il montait à tour de rôle, selon la manière turcomane. Ces bêtes : deux juments, l'une de 7, l'autre de 5 ans, nullement entraînées avant le départ, ne furent d'abord mises au trot que 5 minutes après chaque demi-heure de pas allongé, puis 5 minutes tous les quarts d'heure. Le reste du voyage fut accompli, moitié

Cheval d'attelage anglo-normand.

au pas, moitié au trot; le poids du cavalier et du bagage atteignait 100 kilos. Le parcours total fut accompli en 30 jours, ce qui avec une moyenne de 11 heures de marche quotidienne, représentait une vitesse de 8 kilomètres à l'heure.

Depuis le temps qu'on exerce l'élevage du cheval, bien des variétés de races se sont produites. Parmi les chevaux de selle ou de main, les plus fins, les plus rapides sont ceux de la race anglaise. Le cheval anglais est le type du cheval de course et de chasse; il dérive d'ailleurs de l'arabe, dont la vivacité, les qualités « allantes » sont bien connues. La race espagnole fournit les bêtes de ma-

Un attelage de 75.000 francs en Amérique. — Chevaux trotteurs faisant le mille (1.609 mètres) en 2 minutes 22 secondes.

nège, les races normande, limousine, auvergnate, de robustes chevaux à l'armée.

Comme animal de trait, le cheval rend des services si divers, il est si généralement employé qu'il ne le cédera pas de sitôt à la locomotion mécanique. Placé sur son dos, un poids égal à celui de son corps l'écraserait, tandis qu'il traîne facilement un fardeau cinq fois plus pesant, et même dix fois, en employant toute sa force, et en allant au petit pas, mais on ne doit jamais en essayer que la moitié, tout au plus les deux tiers, afin d'en laisser en réserve pour ce qu'on appelle le coup de collier.

A Paris, les véhicules de roulage attelés de trois chevaux, transportent pour l'ordinaire un poids d'environ 4.200 kilos, non compris celui de la voiture qui n'est pas inférieur à 1.000; la charge est donc de 10.400 livres, ce qui fait pour chaque cheval 1.233 kilos.

La plupart des rouliers chargent de 20 à 28 quintaux par cheval. Les chevaux ainsi chargés, vont continuellement au pas, ralentissant et accélérant fort peu la marche aux montées comme aux descentes. Ils font environ 6 lieues en 12 ou 14 heures de route.

Jadis les chevaux de diligences faisaient une poste à l'heure, c'est-à-dire 2 lieues. Leur vitesse étant par conséquent quadruple de celle des chevaux de roulage, ils auraient dû traîner quatre fois moins, c'est-à-dire un peu plus de 5 quintaux, non compris leur part du poids de la voiture : ils en traînaient davantage; il est vrai qu'en général ils ne travaillaient guère, en plusieurs reprises, que 4 heures par jour.

Les calculs de ce genre sont au reste subordonnés à la nature des chemins, ainsi qu'à la forme des voitures, et l'on ne peut pas conclure du tirage d'un seul cheval, à celui de plusieurs attelés ensemble.

Il y a dans les attelages isolés économie de force, et avantage pour les animaux. Il est prouvé que six chevaux, attelés chacun à une voiture légère, traînent avec moins de peine une charge plus grande, que s'ils étaient ensemble attachés à une lourde guimbarde.

« Cela s'explique, dit Thaër, par la déviation des différentes lignes du trait, par l'inégalité dans l'emploi des forces, par l'absence d'une conformité absolue dans le mouvement, dans les pas et dans les traits, et par la fréquente action des forces dans un sens contraire. Le cheval qui agit seul peut être dans la vraie ligne du trait; il conserve un mouvement uniforme, il n'est pas entraîné par l'émulation, forcé outre mesure par la vivacité de son voisin ou surchargé par son inaction. »

Les chevaux flamands et boulonnais sont les meilleurs pour effectuer un tirage puissant. Leurs allures sont roides, leur marche lente et pesante, leurs formes massives, et le poids de leur corps est utile à la traction non moins que la force de leurs muscles.

Les normands et les bretons sont excellents dans le tirage rapide des voitures publiques ou des voitures de maître, et malgré leur volume, on les range avec raison au nombre des bons trotteurs.

L'Amérique produit d'excellentes races de chevaux et en fort grand nombre, aussi le prix en est-il fort bas, sauf lorsqu'il s'agit, comme dans tous les pays du monde, de bêtes exceptionnelles. (Voir la fig., p. 87).

Il est une qualité qu'on doit désirer dans les chevaux de tous les services : c'est une construction solide, qui se manifeste par l'aplomb des extrémités sur le terrain, par la franchise et la liberté des mouvements, la vigueur soutenue dans l'exercice lent ou rapide. Autant que possible, les muscles doivent être bien prononcés, le poil doit être assez fin, les crins doux et peu abondants, les fanons nuls ou peu crépus, même dans les chevaux de gros trait.

L'*âne*, qui est une espèce du genre cheval, rend presque autant de services que son congénère comme animal de trait et comme bête de somme, principalement en Orient. On le trouve encore à l'état sauvage dans les steppes de la Mongolie où sa taille est plus grande, ses jambes plus longues et plus fines que dans nos espèces domestiques.

Originaire des pays chauds, l'âne dégénère dans les contrées du nord et cesse même de se reproduire vers 60° de latitude.

La France possède deux races d'ânes très caractérisées : celle du Poitou, qui a le poil laineux et long et celle de Gascogne, dont le poil est ras.

Quoique chétifs en général dans les pays septentrionaux, ces animaux n'en rendent pas moins d'immenses services et portent des fardeaux considérables relativement à leur propre poids.

Buffon, qui fit du cheval une sorte de grand seigneur ou de courtisan parmi les quadrupèdes, a fait de l'âne comme l'honnête bourgeois de l'animalité. « D'un naturel aussi patient, dit-il, aussi tranquille que l'autre est fier, ardent et impétueux; souffrant avec constance, avec patience même, les châtiments et les coups, l'âne se contente de ce que le cheval veut bien lui laisser. On donne à celui-ci de l'éducation, on l'enseigne, on l'instruit, on l'exerce; tandis que l'âne, abandonné à la grossièreté des valets ou à la malice des enfants, bien loin d'acquérir, ne peut que perdre par son éducation; et s'il n'avait pas un grand fonds de bonnes qualités, il les perdrait, en effet, par la manière dont on le traite. »

On sait cependant que l'entêtement de l'âne est, plus que ses qualités, la cause des coups qu'il s'attire, ceci soit dit d'ailleurs sans excuser les mauvais traitements qu'on lui fait subir dans tous les pays du monde.

Un voyageur nous apprend que dans la capitale du Pérou, pour ne pas se fatiguer à battre les ânes avec une lanière, on leur fait sur la croupe une blessure avec un os ou un morceau de bois, et qu'afin de stimuler leur ardeur, on les pique constamment dans la même blessure.

« Quand un âne tombe pour la première fois épuisé par la fatigue, son barbare propriétaire lui fend un naseau ; si, non content de cette première leçon, l'âne s'avise de se trouver mal une seconde fois, on lui fend l'autre ; la troisième fois, on lui coupe une oreille, puis la seconde ; enfin arrive le tour de la queue, dont on coupe un morceau, jusqu'à ce que l'âne soit complètement méconnaissable. Ce système cruel est si ordinaire, que rarement on rencontre à Lima un âne complet. »

L'exemple est édifiant, et bien qu'en France, le baudet soit assez malmené « parce que c'est l'usage », vous disent les paysans, on lui fait peser la servitude d'une façon moins sanguinaire.

L'âne vit de rien, et il sert tout le jour. Ses sens sont au moins aussi développés que ceux du cheval et son pied est plus sûr, ce qui le rend précieux dans certaines régions. Il est l'auxiliaire du pauvre : L'âne porte l'engrais de l'étable sur le champ de son maître, il en rapporte les récoltes diverses dans ses granges; il va et vient sans cesse, porte le grain au moulin, les fruits au marché, le bois à la maison, ainsi que les glanées durant la moisson, les paquets de foin durant la fenaison, le chaume des jachères, les joncs des marais et les mauvaises herbes qui croissent le long des chemins. Que vous lui mettiez la selle, le bât, les crochets, les hottes, les paniers, les échelles, il ne se refuse à rien, si ce n'est au mors, contre lequel il a une grande répugnance. Lorsqu'il est en route, l'âne ne vous demande d'autre grâce que celle de le laisser brouter, chemin faisant, quelques sommités de chardons, quelques boutures de saule, quelques bourgeons d'orme ou de peuplier, ou bien de boire une gorgée dans l'eau trouble qu'il fait jaillir sous ses pieds; et si vous lui permettez de se rouler un instant sur le gazon, vous aurez contribué au premier de ses plaisirs, à la plus suave des voluptés qui lui soit permise dans ce monde. Voilà comme il passe son temps à la campagne.

A la ville d'autres devoirs l'appellent.

Là il est par excellence le serviteur du chiffonnier qui l'attelle généralement à une petite charrette où s'entassent les détritus de toute espèce : au fond, le verre cassé; dans des sacs, les chiffons, papiers et bouts de ficelle.

Parfois cet animal atteint de plus hautes destinées. On le voit élégamment harnaché, traîner de minuscules charrettes anglaises, de légères victorias, le plus souvent conduit par des enfants... ou des vieillards. La doyenne des souverains d'Europe, la reine d'Angleterre, ne fait jamais d'autres promenades dans les jardins de sa villa de Nice, que dans une voiture traînée par son fidèle

Âniers et étrangers au Caire.

Jocko, l'âne qu'elle a payé deux cents francs à un paysan d'Acquisgrana.

Nous avons dit que cet animal était plus grand dans les pays d'Orient. Il y est aussi plus vigoureux et mieux portant; il semble que l'âne est là dans sa véritable patrie. En Arabie, en Perse, en Égypte, en Algérie, il vit jusqu'à trente et trente-trois ans, tandis qu'en Europe il ne dépasse guère sa douzième ou sa quinzième année.

En Perse, les ânes servent presque uniquement pour la monture. Leurs selles, en forme de bâts longs et plats, sont faites de tapisserie, et l'on s'assied presque sur la croupe. Dans les villes d'Égypte, à Alexandrie et surtout au Caire, l'âne est encore le moyen de transport le plus employé. Sur les places et dans les carrefours stationnent des baudets de louage sellés, sanglés, bridés, qui sont conduits par de jeunes garçons arabes, qu'on appelle bourriquiers ou âniers.

Les bourriquiers sont généralement des enfants de fellahs (les paysans d'Égypte) qui viennent à la ville dès l'âge de sept à huit ans. Vêtus d'une chemise en toile de couleur, coiffés d'un *tarbouch*, jambes et pieds nus, leur principal office consiste à courir derrière leur bourricot, chevauché par quelque touriste, à le stimuler quand il ralentit son trot et à lui faire place en criant aux passants de se garer. Les bourriquiers reçoivent une paie proportionnelle au produit qu'ils rapportent, aussi sont-ils d'une avidité insatiable et vous « cramponnent » avec un tel acharnement qu'on est souvent obligé de s'en débarrasser à coups de canne.

Bourricots et bourriquiers se chiffrent par milliers au Caire
où ils sont au service de quelques loueurs.

Le *mulet*, un de nos animaux moteurs les plus précieux, provient de l'âne et de la jument. Il a la tête plus courte que le cheval,
les oreilles presque aussi longues que celles de l'âne dont il a également les jambes et la queue; mais il se rapproche davantage de
la jument par la taille, l'encolure, l'arrondissement de la croupe.

Presque aussi fort que le cheval, au moins aussi adroit que l'âne,
le mulet rend de tels services, qu'il est en France l'objet d'un
commerce important. Le principal centre de l'industrie mulas-
sière est le Poitou. Les principaux caractères du mulet poitevin
sont un large poitrail, une encolure forte, le dos et les reins larges
et un peu bombés, les membres bien musclés et les articulations
puissantes; il est par excellence un animal de travail. Une autre
race plus en faveur pour le service de la selle et des attelages de
luxe est la race gasconne. Elle a la tête haute et fine, les membres
grêles, le jarret large.

Le département des Deux-Sèvres est le plus grand centre de
production des mulets, les régions montagneuses du centre, la
Gascogne et les Pyrénées viennent ensuite.

Les qualités du mulet sont reconnues depuis longtemps. Chez
les Israélites, cet animal servait de monture aux rois. En Perse,
les messagers royaux n'en avaient point d'autres. Introduit par
les Maures en Espagne, il y est encore très en faveur. Dans les
« sierras » nombreuses qui accidentent ce pays, les mules, chargées d'un cavalier, gravissent ou descendent des sentiers en pente

vertigineuse, la bride littéralement sur le cou. Ces sentiers, géné·
ralement établis sur le flanc des montagnes, dominent des gouffres
où par suite d'un faux pas, monture et cavalier seraient vite en-

Mulets persans avec leurs kédjavés.

gloutis; mais la mule a le pied si sûr, que les catastrophes sont
très rares; dans ces régions, cas exceptionnel, l'animal guide
l'homme.

L'enharnachement des mules est assez primitif en Espagne.
Un voyageur nous apprend que la selle se compose d'ordinaire
de deux ou trois couvertures bariolées, pliées en double, quelquefois d'une sorte de coussin, pour atténuer la saillie des vertèbres

de l'animal et donner au cavalier la possibilité de s'asseoir en travers. De chaque côté des flancs, pendent, en forme d'étriers, des espèces de sabots en bois. Quant au harnais de tête, il était jadis chargé d'une telle quantité de pompons et de houppes, qu'on pouvait à peine distinguer le profil de la bête. Aujourd'hui, on paraît avoir renoncé à cette superfluité d'ornements.

D'autres fois, la selle est remplacée par une sorte de bât-fauteuil à deux places, en fort osier tressé qui reçoit deux voyageurs. En Perse, le bât des mules est couvert, il met ainsi les voyageurs à l'abri du soleil ; ce bât porte le nom de *kedjâvé*.

Jadis en France, les magistrats et les médecins allaient sur des mules, et l'on voyait au pied de l'escalier du Palais un montoir en pierre servant aux juges pour monter sur la bête en sortant de l'audience. Plus tard, il fut de bon ton d'avoir un carrosse tiré par des mules empanachées, comme cela se passait en Espagne.

Suivant le conseil de gens expérimentés, il faut, pour le service de la selle, choisir parmi les mules, celles qui sont élancées, sveltes, qui ont la tête assez légère : elles allongent davantage le pas. L'Espagne, les Pyrénées-Orientales, l'Algérie en produisent qui sont propres à ce service. Au contraire on choisira pour le bât les mules épaisses, courtes, trapues, à poitrail ouvert, à reins larges. Avec ces formes, elles offrent plus de résistance au poids qui les presse.

Le *zèbre* et les équidés natifs de l'Afrique méridionale, tels le *dauw* et le *couagga* sont des animaux susceptibles de rendre des services à l'homme, soit pour la selle, soit pour le trait.

Le *zèbre* était appelé par les anciens *hippotigre*, ce qui le représente assez bien, puisque ses formes sont à peu près celles du cheval et sa robe, celle du tigre. Dès le dix-septième siècle il est fait mention de quatre zèbres que l'on attelait au carrosse du roi de Portugal. Dans le sud de l'Afrique, l'utilisation de ces animaux est depuis longtemps appréciée.

« Les Boers apprivoisent les zèbres, dit **M.** Foa dans *Mes grandes Chasses dans l'Afrique centrale* (1895) en s'en emparant par un moyen dont j'ai essayé plus tard : ils les prennent très jeunes après avoir tué leur mère, et en font de très bonnes bêtes de trait ou de selle. Aucun animal n'a jamais été plus apte à rendre service à l'homme. On m'a même assuré qu'une compagnie de coaches existant entre le Transvaal et Fort Salisbury (Mashonaland) avait dans ses attelages plusieurs couples de ces animaux. Aussi, dans l'Afrique du Sud, la destruction du zèbre est-elle défendue par les lois anglaises. »

Le *dauw* se distingue du zèbre, en ce que ses jambes ne sont pas rayées et uniformément blanches; le *couagga*, en ce

Équipage de la reine Isabelle.

qu'il ne porte de rayures que sur la tête, le cou et les épaules.

Dans *la Nature*, M. P. Mégnin rappelle les expériences qui furent faites en 1874 au Jardin d'Acclimatation pour le domptage des zèbres.

On s'attacha d'abord à familiariser ces animaux, qui étaient de l'espèce dauw, en les soignant comme des chevaux, et non comme des animaux de ménagerie auxquels on donne à manger et dont on ne s'occupe plus. On leur mit des licous, avec d'infinies précautions, puis on les attacha dans des stalles, les uns à côté des autres, séparés par de simples bat-flancs. On eut ensuite l'idée d'intercaler des chevaux entre les zèbres, et profitant de l'instinct d'imitation qu'ont tous les équidés, on arriva à leur faire le pansage qu'ils voyaient appliquer aux chevaux sans que ceux-ci s'en défendissent.

Six mois après l'arrivée des dauws, on crut pouvoir commencer des essais d'attelage et l'on choisit deux femelles, Manette et Marianne, qui semblaient être les plus douces. Elles y avaient été préparées déjà par le harnachement à l'écurie; on les avait habituées à porter la sellette, le collier, puis la bride, et ensuite à recevoir un harnais complet d'attelage à deux. Elles s'étaient défendues d'abord par des sauts et des mouvements brusques, elles avaient cherché à mordre quand on leur mettait la bride, mais on en avait triomphé grâce au voisinage des chevaux.

Une fois habituées à porter le harnais, on avait commencé à les promener une à une dans le jardin avec le harnais sur le dos. Chose curieuse, il était difficile même à deux hommes de les tenir à la longe, tandis que leur gardien habituel pouvait aisément,

à lui seul, les tenir en guide en les faisant marcher devant lui.
Bientôt il les promena toutes deux ensemble et les habitua à marcher côte à côte comme dans l'attelage à deux, à sentir le mors
et à se laisser conduire.

Zèbre.

Rien ne fut plus simple ensuite que de compléter l'attelage : on
approcha un break léger derrière les dauws, en dirigeant la flèche
avec précaution et l'on put fixer les traits et passer les chaînettes.

Cela ne se fit pas très bien du premier coup, mais la chose devint
facile quand les animaux furent habitués aux deux ou trois aides
employés.

On fit d'abord le tour du jardin, une fois, deux fois, trois fois de suite; puis on alla dans les allées du bois de Boulogne, dans l'avenue de Neuilly, sillonnée par de nombreuses voitures, et enfin dans les rues de Paris. Après plusieurs exercices au pas, on put mettre les zèbres au trot. Enfin au bout de trois mois de dressage, ils faisaient au trot le trajet du Jardin à la place de la Concorde.

Quelques mois plus tard, et toujours par les mêmes moyens, on arriva promptement à obtenir un travail utile de trois sujets qui comptèrent par la suite au nombre des meilleurs animaux de service du Jardin d'Acclimatation : on les attela au tombereau et on les employa chaque jour régulièrement au transport de la terre et du fumier dans l'intérieur du Jardin, et ils ramenaient même de lourdes charges de la gare de Batignolles à la condition d'être toujours harnachés et conduits par les mêmes hommes doux et patients. On arriva aussi facilement à les ferrer, au moyen d'un *travail*, appareil bien connu des maréchaux et des vétérinaires, pour ferrer ou opérer les chevaux vicieux.

Il résulte de cette expérience que si le dressage des zèbres peut obtenir en France quelque chance de réussite, ce n'est qu'au prix d'une grande patience et de non moins grandes précautions. En tout cas, il serait intéressant, puisque cet animal se reproduit en captivité, d'en poursuivre le dressage sur plusieurs générations; peut-être aboutirait-on ainsi à la création d'une nouvelle race domestique.

On peut formuler le même souhait au sujet d'une autre espèce de solipède qu'on appelle *hémione* ou *dzigguetai*.

Tandis que les formes du zèbre sont intermédiaires entre le

cheval et le mulet, celles de l'hémione le sont entre le mulet et l'âne. La couleur de la robe de l'hémione est isabelle-grisâtre, son poil est ras et lustré, sa crinière est noire ainsi que la ligne dorsale; ses jambes sont remarquables par leur grande finesse, ses pieds par la dureté et la résistance de leur corne.

Cet animal habite les déserts de la Mongolie, une partie de l'Hindoustan et quelques plateaux de l'Himalaya. Il vit par troupes composées de dix à cent individus dont la vitesse dépasse celle des chevaux les plus rapides. Les Mongols donnent la chasse au dzigguetai pour s'en procurer le cuir et surtout la chair, qu'ils apprécient beaucoup.

Malgré son caractère sauvage, on est parvenu à dresser l'hémione et à l'employer, dans l'Hindoustan, aux travaux d'agriculture, mais ces essais sont isolés. En France, J. Geoffroy Saint-Hilaire, a tenté avec succès l'acclimatation et la domestication d'individus de cette espèce qu'avait donnés au Muséum le voyageur Dussumier. L'un de ces dzigguetai a fait plusieurs fois le trajet de Versailles à Paris, attelé à une voiture.

La domestication du *bœuf* est aussi répandue que celle des équidés, si ce n'est plus, car cet animal est utile à l'homme tant pour sa chair que pour son travail. Il y a cependant entre les races bovines des différences de conformation qui prédisposent les unes au labourage et à tous les transports qui n'exigent pas de vitesse, tandis que les autres ne sont valables que pour la boucherie; mais en général, tous les bœufs travaillent dans leur jeunesse avant de passer aux pâturages où ils sont engraissés.

Profil du bœuf de trait.

On ne saurait où retrouver le premier type du bœuf commun, tant il y a de siècles que cet animal nous appartient. Les Chinois pour leur part, l'attellent depuis plus de quarante siècles, ce qui constitue un âge trop lointain pour permettre au zoologiste de s'aventurer à son sommet. On concevra sans peine qu'une espèce animale transportée sous tous les climats, multipliée sur les montagnes comme dans les plaines, dans les lieux secs ou sur un sol humide et par conséquent traitée et nourrie de façons différentes, a dû éprouver des changements remarquables soit dans ses formes, soit dans ses couleurs, soit dans ses aptitudes.

On peut donc dire que les variétés de bœufs sont innombrables. Quelques-unes se recommandent par toutes les qualités qui distinguent le bœuf de trait, — le seul qui nous occupe, — du bœuf de boucherie.

« Le bœuf de

Profil du bœuf de boucherie.

trait, dit M. Gayot, donne une suffisante idée de sa force tractive. La tête est grande et solide, le cou est épais et musculeux, les membres sont relativement longs et osseux, amples sous le genou et le jarret, nettement accusés dans les articulations; les parties antérieures du corps sont développées, mais non chargées, l'arrière-train est moins large et moins épais; la ligne du dessus s'incline d'arrière en avant, disposition favorable au mode d'emploi des forces, car elle ajoute au poids qu'il est nécessaire d'accumuler dans l'avant-train; dans le cou et dans la tête, tous les leviers locomoteurs sont longs, gros et fermes, les muscles se montrent assez distinctement sous la peau, tandis qu'en voyant une bête de boucherie, ce n'est pas une idée de la force qu'on se fait, mais une idée du poids. La forme est carrée, massive, régulière, les extrémités sont courtes et rapprochent le corps du sol. »

Nous avons en France d'excellentes races de bœufs propres au travail. Les Landes (race de Bazas), l'Aveyron, le Cantal, le Tarn (races d'Aubrac et de Salers), les Bouches-du-Rhône (race de la Camargue), fournissent les plus renommées. Les plaines de l'Ouest, la Vendée, la Saintonge produisent aussi des bœufs de travail qui acquièrent à l'engrais une belle conformation comme bêtes de boucherie.

Les animaux originaires de Bazas sont particulièrement remarquables. « Ce sont les bœufs bazadais, dit le marquis de Dampierre, qui transportent sur d'énormes charrettes à deux roues et sur une route constamment pavée tous les produits des Landes, qui viennent se réunir à Dax, à Mont-de-Marsan et à Roquefort, c'est-à-dire sur un parcours de 139 kilomètres. La vigueur de ces bœufs est soumise aux plus rudes épreuves par les poids énormes dont on les charge.

Les planches de bois de sapin sont l'objet d'un commerce important avec le Bordelais; le prix de revient du transport détermine le gain du commerçant, et l'amour de ce gain en est venu à imposer des poids prodigieux à ces robustes animaux. Sous un soleil ardent souvent, et au milieu d'une poussière de sable fort incommode, ils marchent sous le joug, attelés à une grande distance l'un de l'autre, de façon à ne pas se gêner... »

Le travail des bœufs employés au labourage varie extraordinairement suivant les contrées. On a reconnu que dans telle localité un attelage mettait jusqu'à cinq et six jours pour remuer un hectare de terre, tandis que dans telle autre une paire de bœufs relayée à midi, soit par conséquent quatre bœufs, labouraient par jour 75 ares de terre de consistance moyenne. Entre ces deux limites extrêmes vient se placer naturellement toute une série de termes moyens. Cette différence doit être mise sur le compte de l'état du sol, du degré de force et d'agilité des bœufs, de la manière dont ils sont attelés et de la construction plus ou moins vicieuse des charrues.

Si l'on compare le travail des bœufs à celui des chevaux, on rencontre une assez grande diversité d'opinions. Sir John Sinclair estimait qu'en Angleterre les bœufs ne font, dans un temps donné, que les trois quarts du travail des chevaux; Mathieu de Dombasle ne fixait la différence qu'à un cinquième; les partisans déterminés du travail des bœufs prétendent qu'avec des races bien choisies, on exécute autant de besogne qu'avec des chevaux.

Quelques agronomes ayant choisi la race hollandaise, que sa forte
musculature désigne aux rudes travaux, l'ont soumise à des épreuves de vitesse au trot assez surprenantes. Un attelage de ces bœufs
parcourut en 54 minutes les 9 kilomètres de Valenciennes à De-

Bœufs de race limousine.

nain. Une autre épreuve eut lieu dans le même arrondissement :
on fit lutter de vitesse des bœufs et des chevaux; les deux attelages durent transporter simultanément une charge de 5.000 kilogrammes à une distance de 22 kilomètres : les chevaux effectuèrent
le trajet en 3 heures 6 minutes et les bœufs en 3 heures 12 minutes; mais les chevaux étaient ruisselants de sueur et les bœufs à
peine fatigués.

Il suivrait de ces expériences que les bœufs, choisis dans la race
la mieux constituée pour le travail, et améliorés par des épreuves
exigeant du fond et de la force, ne le céderaient au cheval, à chargement égal, ni pour la vitesse ni pour l'énergie. Mais il vaut
mieux somme toute, laisser ces animaux au labourage que renouveler des épreuves semblables à celles que nous venons de
citer. En matière de transport à longue distance, l'avenir n'appartient pas plus au bœuf qu'au cheval; il est à la locomotive.

Dans les pays de civilisation avancée, les espèces bovines se sont
fort perfectionnées par l'élevage; dans d'autres, elles sont restées
à peu près stationnaires après avoir été domestiquées, exemple :
le *buffle*, le *yack*, le *zébu*.

Le *buffle* est originaire d'Asie, d'où il a été introduit en Afrique
et en Europe. Il a les membres gros et courts, la tête grande, le
front bombé, le mufle très large, les cornes triangulaires. Celles-ci
sont de couleur noire, et cette couleur est aussi celle des sabots,
des ergots, du poil et de la peau. Les poils sont rares sur le corps
et assez épais sur le front où ils forment une sorte de touffe figu-
rant parfois une étoile blanche.

Les jambes sont quelquefois garnies de poils longs et frisés; la
taille est à peu près celle de nos bœufs ordinaires. En courant, le
buffle allonge le museau comme pour flairer; malgré son air
lourd, il rend d'excellents services, et sa force est de beaucoup supérieure à celle de nos bœufs. Dans les pays marécageux et humides où les bœufs ordinaires se trouvent mal à l'aise, les buffles
sont employés avec succès. Leur sobriété est surprenante, mais ils
sont irritables, aussi a-t-on pris l'habitude de les conduire, lors-

qu'ils sont attelés au joug, au moyen d'un anneau passé dans leurs naseaux.

En Asie, on utilise quelquefois le buffle comme bête de somme; on ne le charge alors que d'objets qui puissent être mouillés im-

Buffle et Yacks.

punément, car si un convoi de ces animaux rencontre une rivière ou un étang, le convoi tout entier, quoiqu'on puisse faire d'ailleurs pour l'en empêcher, ira s'y précipiter et se baigner. (Gayot.)

Le *yack* est également un animal asiatique, du genre bœuf, mais dont la forme, principalement celle du dos et des reins, se rapprocherait de celle du cheval. Une des particularités du yack est sa toison, qui atteint parfois assez de longueur pour descendre jusqu'à terre.

Cet animal se plaît exclusivement dans les régions froides et élevées; il est à peu près le seul auxiliaire de l'homme dans la partie centrale de l'Asie, au Thibet, et dans le nord de la Chine, dans les revers de l'Himalaya. A une hauteur inférieure à 1.600 mètres, il dégénère.

La conformation du yack le fait meilleur comme bête de somme que comme bête de trait. Des explorateurs prétendent qu'il peut atteindre un cheval au galop et que ses pieds sont si sûrs, qu'ils ne glissent pas en traversant les rochers les plus escarpés et même les neiges glacées à leur surface.

Le *zébu* est une espèce de bœuf qui porte sur le garrot (la partie située sur les épaules à l'extrémité du cou) une et parfois deux loupes énormes formant bosse, ce qui a fait aussi nommer cet animal, bœuf à bosses. Cette loupe graisseuse atteint chez certains individus un poids de 25 kilos.

Les zébus sont fort employés en Afrique et dans l'Asie méridionale, soit pour porter, soit pour traîner, à cause de leur allure très douce et en même temps très rapide. En Inde, on les attelle à des pièces d'artillerie, mais plus fréquemment à des voitures. Ils trottent l'amble, c'est-à-dire en levant en même temps les deux jambes du même côté; ils peuvent ainsi soutenir une allure rapide pendant une vingtaine de lieues. On conduit les zébus au moyen d'une corde passée dans les cartilages du nez, et ils obéissent à la main avec autant de docilité qu'un cheval.

Il existe plusieurs races de zébus en Asie; quelques-unes sont fort petites et ne dépassent pas la taille d'un bouc; on les attelle à des voitures d'enfants; d'autres, ont des cornes adhérentes à la peau et non fixées au crâne; d'autres enfin sont privées de cornes. La taille des zébus d'Afrique est plus grande qu'en Asie, celle du zébus d'Abyssinie particulièrement. Le Sénégal, le Soudan, Madagascar emploient cet animal comme bête de somme et comme bête de trait.

Le buffle, le yack et le zébu s'accoutumeraient à notre climat (1). Des tentatives faites dans ce sens ont eu quelque succès, mais on a fini par reconnaître que l'emploi du bœuf et du cheval les rendait inutiles.

L'*éléphant*, qui est une des créations les plus admirables de la nature au point de vue de la perfection des organes, ne l'est pas au point de vue esthétique. La forme massive de cet animal, la grosseur de sa tête, la petitesse de son œil, la grandeur de ses oreilles, la brièveté

Attelage de zébus.

(1) Le Jardin d'Acclimatation possède en ce moment un attelage de zébus utilisé au service de l'arrosage.

de son cou, l'exiguïté de sa queue, pour ne pas parler de cet autre appendice, la trompe, constituent un ensemble moins heureux que chez une quantité d'animaux servis par des organes bien en harmonie avec leurs dispositions naturelles. La vue d'un chevreuil nous donne une idée de l'agilité et de la vitesse; l'éléphant paraît lent et lourd, il est cependant naturellement « vite » et agile.

Les membres sont proportionnés au poids qu'ils doivent supporter; ils se terminent par des pieds dont les doigts sont enveloppés d'une peau calleuse et marqués à l'extérieur par des ongles épais et usés par le sol, qui bordent une espèce de semelle.

Les éléphants possèdent un organe merveilleux qui leur est propre : la trompe. Implantée à la partie supérieure de la tête, la trompe est véritablement un prolongement des narines; et comme la faculté de l'odorat est en général d'autant plus développée que la surface olfactive est plus étendue, l'éléphant a ce sens exquis.

Organe de préhension, la trompe est composée d'une quantité innombrable de petits muscles entrecroisés en tous sens, de sorte qu'elle peut prendre les formes les plus variées; quant à sa structure musculaire, son analogue est la langue des animaux; elle se termine par une saillie en forme de doigt, située en avant, qui jouit d'une mobilité indépendante, et à laquelle correspond en arrière un petit bourrelet. A l'aide de ces dispositions, l'éléphant peut entourer un tronc d'arbre et l'arracher violemment, peut étreindre un tigre et l'étouffer, peut saisir délicatement la fleur la plus frêle et la présenter à son cornac. Il s'en sert encore pour frapper, et les coups qu'il assène peuvent assommer ses plus vigoureux ennemis.

A l'aide de sa trompe, l'éléphant arrache les herbages et les feuilles, et les porte entre ses dents; il hume l'eau et la projette dans sa bouche; ceci n'empêche que vers l'implantation de la trompe à la tête, sa cavité peut cesser momentanément de communiquer avec les fosses nasales par le jeu d'une valvule en façon de clapet. Nous verrons plus loin l'usage que l'éléphant domestiqué peut faire de sa trompe comme moyen de transport.

Il existe deux espèces d'éléphants : celle d'Asie et celle d'Afrique. Longtemps, on a cru que l'éléphant d'Afrique était plus petit que ses congénères d'Asie. C'est le contraire qui est vrai. Rarement, la taille de celui-ci atteint 3 mètres, tandis que l'éléphant africain atteint parfois 5 mètres. Autres points de différence : l'espèce africaine a le front convexe et incliné, les oreilles assez grandes pour couvrir entièrement le corps d'un homme; les pieds de derrière sont divisés en quatre sabots. L'espèce asiatique porte une dépression au milieu du front, ses oreilles sont relativement petites et ses pieds de derrière n'ont que trois sabots. Les deux espèces sont propres aux marches les plus difficultueuses et les plus variées.

« Dans toutes les grandes forêts vierges, sur les deux rives du Nil bleu, dit l'explorateur-zoologiste Brehm, ce n'est qu'en suivant les chemins tracés par les éléphants que l'on peut pénétrer dans ces forêts; ils y représentent toute l'administration des ponts et chaussées. Dans les montagnes, ces chemins sont souvent disposés avec une prudence à étonner les gens du métier. Quand il lui faut gravir une pente rapide, l'éléphant se montre un habile grimpeur. J'ai souvent pris plaisir à voir notre éléphant captif, escalader les talus; il fléchit avec prudence ses articulations carpiennes;

il abaisse de la sorte le train de devant et porte en avant son centre de gravité, il glisse en quelque sorte sur ses pattes ainsi fléchies et étend les pattes de derrière. Il monte fort bien à l'aide de cette manœuvre; quant à la descente, son poids la lui rend plus difficile. S'il marchait comme à l'ordinaire, il perdrait rapidement l'équilibre, tomberait en avant et paierait peut-être sa chute de la vie. Cela ne lui arrive pas. Il s'agenouille au haut de la pente, de façon à ce que sa poitrine touche le sol; il étend lentement ses pattes de devant jusqu'à ce qu'il retrouve un point d'arrêt, ramène ensuite à lui ses pattes de derrière et descend en glissant le long de la montagne. »

Si l'on ajoute à cela que tout éléphant adulte peut porter sur son dos des centaines de kilogrammes, on ne s'étonnera pas que l'homme ait tenté d'asservir cet animal dès les temps les plus reculés.

L'art de discipliner les éléphants pour la guerre paraît avoir, dans le principe, appartenu aux habitants de l'Extrême-Orient. Les anciens historiens parlent d'un roi des Gangarides qui en avait plusieurs milliers à son service. Celui de Palibotra (l'Hindoustan d'aujourd'hui) en nourrissait de huit à neuf mille, au dire de Pline. Pausanias rapporte qu'après la défaite de Porus, qui en avait deux cent vingt, Alexandre imita les coutumes des vaincus, et introduisit dans son armée ces quadrupèdes, dont il avait apprécié l'utile secours. Antigone et ses successeurs maintinrent cet usage. Seleucus Nicanor en conduisit près de cinq cents en Cappadoce, et Ptolémée Philadelphe en possédait trois à quatre cents. Pyrrhus se présenta avec ses éléphants de guerre à la bataille d'Héraclée, vers 286 avant J.-C.; il y remporta, à l'aide de ces animaux, une victoire complète sur le consul Lævinus. Leur apparition, au nombre de quarante, en Italie, où ils étaient inconnus jusque-là, ébranla le courage des légions.

Suivant Lucrèce, les Carthaginois excellèrent à dresser les élé-

Éléphants de combat.

phants, qu'ils logeaient dans la partie basse des casernes de leurs villes. Les éléphants formaient la première ligne de l'armée. Annibal montait un éléphant; mais presque tous ceux qu'il amena à travers les Alpes périrent bientôt. Quand les Romains, unis à Massinissa, portèrent la guerre en Espagne (249 avant J.-C.), ce prince leur fit don de plusieurs éléphants, avec lesquels ils commencèrent à combattre.

Les éléphants avaient la tête ornée de panaches; ils étaient enharnachés de housses de pourpre enrichies de mille manières : il y en avait qui portaient des tours remplies d'archers et de frondeurs; d'autres soutenaient d'énormes machines de guerre. Il y en avait qui étaient dressés à lancer des pierres sur l'ennemi avec leur trompe, dans les replis de laquelle ils étouffaient aussi des hommes et renversaient des chevaux et des chameaux.

On cessa de faire usage d'éléphants dans les armées romaines après les guerres puniques et les expéditions d'Afrique, parce que l'expérience démontra combien ils étaient dangereux, quelque bien dressés qu'ils fussent; car une fois blessés, ils devenaient indomptables. Aussi le conducteur était-il armé d'une hache pour tuer sa monture, en la frappant entre les deux oreilles, et il lui était ordonné de recourir à cet expédient quand il ne pouvait plus gouverner l'animal devenu furieux.

Les Asiatiques n'ont jamais cessé d'employer les éléphants contre leurs ennemis. Dans le royaume de Siam les éléphants de guerre concourent à la chasse qu'on y fait aux éléphants sauvages; ils forment comme un cordon de troupes, dans l'enceinte duquel on parvient à diriger et enfermer les animaux poursuivis. Ces quadrupèdes, terribles dans le premier instant de leur fureur, se disciplinent aisément à l'aide d'une éducation qui demande à peine une semaine ou deux; ils entrent dans les rangs des éléphants de guerre. Depuis que l'usage de l'artillerie s'est répandu dans l'Inde, avec les Anglais, les éléphants y portent des canons, et conduisent surtout l'artillerie de montagne.

Dans le même pays, les Anglais attellent aussi l'éléphant à la charrue. D'habiles fondeurs de la Grande-Bretagne fabriquent

d'énormes et de très fortes charrues, des charrues dignes de lui.
Chaque matin, à la pointe du jour, l'éléphant prend son ami le
cornac par la ceinture, le place sur son dos, et s'en va aux champs.
On confie à deux valets de ferme le soin de tenir les deux man-

Éléphants employés par l'armée anglaise au transport des canons.

cherons de la charrue. Tant que le soleil est au-dessus de l'hori-
zon, l'éléphant marche, et en marchant il soulève derrière ses
pas une bande de terre ou plutôt une longue colline : c'est ainsi
qu'il trace son sillon, d'un mètre et demi de largeur sur un
mètre de profondeur.

« Mais, ceux de ces animaux qui sans contredit accomplissent
un travail demandant à la fois de l'intelligence et une force prodigieuse, dit dans *la Nature*, M. Marsillon, se rencontrent prin-

cipalement dans les immenses chantiers de bois de construction dans la province du *Burnab*. Là, existent des éléphants débardeurs et coltineurs, d'une adresse telle, que les meilleurs ouvriers habitués de longue date à manier de pesants fardeaux ne montrent pas plus d'habileté que ces pachydermes. Rien n'est plus curieux ni plus intéressant que de les voir à l'œuvre. Sous la conduite de leurs cornacs juchés sur leurs puissantes épaules, ils exécutent avec une docilité absolue, une rapidité et une dextérité sans égales, le travail qui leur incombe; jamais ils ne refusent leur concours.

Le plus important de ces chantiers, celui de *Rangoon*, reçoit la majeure partie des bois de charpente qui proviennent de forêts sans bornes longeant le fleuve majestueux l'Irrawaddy. C'est une voie par laquelle arrivent flottés, jusque sur les marchés de l'Est indien, les gigantesques troncs de bois de teck. Ces énormes poutres forment de longs radeaux abandonnés au gré des eaux et suivent le courant qui les transporte lentement mais sûrement au port. En avant du chantier de Rangoon, existe une vaste lagune où, à demi enfouis dans la vase, s'arrêtent ces radeaux. Quelques ouvriers indigènes s'occupent au fur et à mesure de leur arrivée, à trancher à coups de hache les liens qui unissent les troncs équarris.

C'est alors que commence le travail des éléphants. Plongeant sans hésitation la lourde masse de leurs corps dans les eaux bourbeuses de l'Irrawaddy, ils se dirigent en toute hâte vers les pièces de bois. Chacun de ces animaux appuie l'extrémité de sa trompe sur la partie du tronc émergeant de l'eau, puis, d'un puissant effort, il le pousse et le conduit vers le rivage, jusqu'à complet atterrissage. L'intelligente initiative du pachyderme le dirige dans son labeur, son cornac se borne en effet à lui désigner de la voix et du geste la poutre à guider et conduire à terre.

De nouveaux commandements deviendraient superflus; l'éléphant, comprenant à merveille ce qui lui reste à faire, s'exécute toujours de bonne grâce et avec diligence.

Douze de ces animaux, onze mâles et une seule femelle, travaillent constamment dans le chantier. De tous ses compagnons la femelle est de beaucoup la plus intelligente, aussi la charge-t-on des opérations

Un débardeur.

délicates. C'est elle qui, à la scierie mécanique, présente aux dents de l'outil la pièce de bois que l'on doit débiter. Elle se sert de sa trompe comme d'une main; enlève au fur et à mesure les planches achevées et les range symétriquement en tas, afin d'activer leur séchage. Dès que la sciure s'amoncelle, menaçant de tout envahir, l'intelligent animal, de son souffle puissant, la disperse au loin, évitant ainsi l'encombrement qui ne tarderait pas à se produire.

Mais, dès que la cloche sonne, indiquant aux ouvriers l'heure des repas, ni menaces, ni caresses ne parviendraient à retenir sur le chantier cette femelle avisée qui, peu de minutes auparavant, faisait preuve de la plus grande activité. Elle comprend que tout travail cesse momentanément et qu'elle aussi a bien le droit de prendre quelques intants d'un repos bien mérité. Bien mieux, par ses barètements aux intonations particulières, elle semble sévèrement admonester ceux de ses compagnons qui s'attardent dans l'achèvement d'un travail commencé. Son agitation ne prend définitivement fin qu'après avoir vu le dernier éléphant regagner en toute hâte l'écurie et le râtelier communs.

Dès que le contremaître donne le signal de la reprise du travail, chacun des pachydermes se remet à l'ouvrage. L'un, entourant de sa trompe puissante une énorme pièce de bois, la tire à terre, et, saisissant avec une habileté vraiment surprenante le moment exact où elle se trouve à demi sortie de l'eau, il l'empoigne et la transporte, prise au milieu de sa longueur, au tas où il doit la déposer. Il arrive fréquemment que le poids de ces troncs d'arbre est tellement considérable que, malgré son extraordinaire vigueur, l'animal ne peut seul en opérer le transport. Un de ses compagnons, voyant son embarras, arrive vite à son aide. Tous deux unissent leurs efforts ; avec une remarquable entente, chacun tient ferme dans sa trompe la pesante poutre par ses extrémités et dès lors le transport au tas s'opère facilement. Mais bientôt l'amoncellement des pièces de bois augmente. Il faut les ranger méthodiquement pour éviter qu'elles ne glissent les unes sur les autres. Rien ne semble plus facile à ces intéressants et intelligents animaux. Si l'emploi de la trompe ne suffit pas, ils font usage de leurs défenses. Ils les piquent dans le bois et poussent successivement chaque tronc jusqu'au moment où le tas présente une régularité absolue, aucun d'eux ne dépassant les autres.

On reste en vérité confondu, en constatant toute l'intelligence et la réflexion mises en œuvre par ces éléphants dans l'exécution des travaux qu'on leur demande, et qui varient chaque jour. »

Dans l'Inde on voyage parfois à dos d'éléphant; mais, si l'on en croit M. Chervin, ce n'est pas là un mode de locomotion bien commode. « L'éléphant, dit-il, est soigné par deux personnes, le cornac, qui est en quelque sorte le cocher, qui le conduit et le dirige; le valet de pied, qui marche à côté de l'animal et lui parle pendant la course, l'avertit des faux pas très amicalement, le caresse à chaque instant, le surveille surtout, car l'éléphant est très voleur. Sans le valet de pied il dévaliserait toutes les boutiques à sa portée. Très folâtre, l'éléphant aime à jouer des tours aux passants; il les arrêterait avec sa trompe, lancerait de l'eau aux devantures des maisons, causerait mille petits dégâts. Le laquais l'en empêche. L'animal l'écoute comme un enfant écoute un précepteur. A-t-il des velléités de résistance, son suivant fait la grosse voix, le menace et en a facilement raison. »

« Pour harnacher l'éléphant, dit Van Orlich, on place d'abord sur son dos un coussin rembourré de crin; le dos est la partie la plus délicate du corps de l'animal, et il faut apporter tous ses soins à le garantir de toute meurtrissure, car les blessures y guérissent difficilement. On jette sur ce coussin une longue draperie rouge bordée d'or et sur cette couverture on fixe, à l'aide

Éléphant harnaché avec le houdah.

de cordes et de sangles, le *houdah*, sorte de tribune garnie de sièges où peuvent prendre place ordinairement deux et jusqu'à quatre personnes.

Le *mahoud* ou cornac se place à la califourchon sur le cou de la bête, derrière les oreilles. Il la dirige avec une sorte de fourche en fer, dont une des branches est recourbée. Il est ordinairement accompagné d'un autre homme armé d'un grand bâton, qui galope autour de l'animal et accélère sa marche par ses cris. Une échelle de corde qui pend du houdah complète l'équipement qui ne varie que par sa richesse.

Lorsque le moment de monter sur l'éléphant est venu, le mahoud crie : *Beil, beil*, ce qui veut dire : Baisse-toi! Alors l'animal s'agenouille, on grimpe aux échelons et les voyageurs s'installent dans le houdah. Les mouvements de cette énorme monture sont quelquefois assez doux, quelquefois aussi singulièrement fatigants. Le pas de l'éléphant, quand on le presse, est si rapide, qu'un cheval est forcé de prendre le trot pour se maintenir à ses côtés, mais sa marche ne tarde guère à se ralentir, et il a de la

peine, ainsi chargé, à faire plus de vingt-quatre milles par jour
(environ 38 kilom. et demi). »

Les courses à dos d'éléphant, sont d'ailleurs fort désagréables.
On a du roulis, du tangage, du bond, de tous les cahots et mouvements fatigants qu'on puisse imaginer. Comme transport
d'homme, l'éléphant n'est donc pas très bon pour l'Européen;
l'indigène, lui, est fait à cette marche, et ne s'en plaint point. Par
contre, l'éléphant est la bête de somme la plus forte qu'il soit
possible de voir. Il porte une incroyable quantité d'objets : chargé,
il semble un mamelon qui roule. Il y aurait injustice à ne pas
faire remarquer qu'avec lui on traverse impunément les passages
infestés de bêtes fauves; il craint les tigres mais leur tient tête et
les tue en les lançant en l'air avec sa trompe. Cette considération de sécurité contribue beaucoup à maintenir l'usage de l'éléphant, car les fauves foisonnent dans les jungles de l'Inde. On
sait d'ailleurs que l'éléphant est mis fréquemment à contribution
dans les battues qu'on organise là-bas contre le tigre. Ces chasses
ont été souvent décrites, et de tels récits ne sauraient prendre
place dans cet ouvrage. Disons seulement qu'en pareilles circonstances, l'éléphant de chasse, qui reçoit sur son dos son mahoud
et deux tireurs, ne remplit pas un simple rôle de bête de somme;
c'est généralement lui qui signale la présence de l'ennemi en élevant sa trompe et en poussant un cri aigu; de plus il lui arrive
souvent de fondre sur le tigre lorsque celui-ci est blessé, de l'écraser sous ses pieds puissants ou, comme nous venons de le dire,
de l'achever en le lançant en l'air avec sa trompe.

Tout ce que l'on a fait de l'éléphant asiatique, pourquoi ne l'obtient-on pas de l'éléphant africain? A-t-on des raisons de croire que le proboscidien du « continent noir » n'est pas domesticable? Il nous faut dire d'abord, qu'à un point de vue général, on a pu soutenir avec raison que l'éléphant n'est pas à proprement parler un animal domestique puisqu'il ne se propage qu'accidentellement en captivité. Cette particularité sépare nettement cet animal du bœuf, du cheval, du chameau, et indique que pour désigner la condition du grand pachyderme dans ses rapports avec l'homme, *domesticité* serait plus juste que *domestication*.

Sous notre pouvoir, l'éléphant est un prisonnier généralement obéissant et résigné, mais qui réclame une surveillance constante, car il lui prend parfois, dit-on, la fantaisie de retourner dans ses forêts, ou celle de devenir furieux, ce qui oblige à le tuer.

Mais l'impossibilité de réussir actuellement à son gré l'élevage de l'éléphant est compensée par la durée des services que peut rendre un même individu, la longévité de ces animaux étant égale à leur force, c'est-à-dire très supérieure à celle de l'homme. Ceci nous ramène à la question : Pourquoi l'éléphant africain n'est-il pas au service des hommes d'Afrique?

A cela on a répondu qu'il était plus sauvage et moins intelligent que son congénère d'Asie, opinion formellement démentie : 1° par l'histoire, puisque, nous l'avons vu plus haut, les Carthaginois et les Romains utilisèrent l'espèce africaine à la guerre, à des travaux de voirie, aux jeux du cirque; 2° par des observations que chacun peut faire soi-même, attendu que la plupart des éléphants apprivoisés de nos jardins zoologiques et des ménageries d'Europe sont africains (1).

La vraie cause de cette inutilisation tient à l'incapacité et à l'insouciance des peuples qui vivent dans le voisinage de l'éléphant. « Le nègre, dit M. Paul Bourdarie, n'a jamais vu dans cet animal que viande à manger et ivoire à vendre; son insouciance et sa légèreté s'accommoderaient mal de la sollicitude incessante qu'il faut avoir avec lui; ils n'ont pas de troupeaux, ou s'ils ont quelques chèvres et quelques moutons, ils n'en prennent nul souci. »

C'est donc aux Européens, chaque jour de plus en plus nombreux en terre d'Afrique, qu'incombe le soin de ce dressage avec la collaboration de cornacs venus d'Asie. Jusqu'ici, dans l'Afrique équatoriale, nous n'avons guère quitté le cours des fleuves et des rivières — les chemins qui marchent. — Mais il faudra bien s'enfoncer dans les terres; nous nous heurterons alors inévitablement à la difficulté des transports, soit commerciaux, soit de ravitaillement. Les indigènes n'ont que des sentiers; jamais ils n'ont élevé d'animaux de transports et ce sont eux-mêmes qui font tous les portages. Le poids qu'ils portent sur la tête dans un instrument spécial appelé *moutête* va de 25 à 30 kilogr., — ce qui indique un nombre de 33 à 40 porteurs pour une tonne de marchandises.

(1) Tels l'éléphant mâle du *Jardin des plantes* et l'éléphant femelle du *Jardin d'acclimatation*. M. Karl Hagenbeck, de Hambourg (la ville d'Europe qui rivalise avec Anvers pour le marché des animaux de ménagerie) a vu passer dans son établissement plus de 200 éléphants, venus de tous les points de l'Afrique. La race africaine est préférée, parce que, selon l'expression de M. Hagenbeck, qu'on nous a rapportée, elle a « une plus jolie figure ». (Nous avons dit plus haut que la tête de l'éléphant africain était encadrée de plus belles oreilles que dans l'espèce asiatique.)

Or, voici qui démontre quel rôle capital peut jouer l'éléphant comme porteur. A l'heure actuelle, pour être transportée à tête d'homme, de Loango à Brazzaville (Congo français), soit 600 kilomètres environ et un mois de route, cette tonne de marchandises coûte de 2.100 à 2.400 francs, chaque porteur étant payé 60 francs pour le voyage. — Deux éléphants adultes suffiraient au transport de ces 100 kilogr. : leur nourriture est estimée en Asie à 200 francs au maximum par mois pour chacun d'eux; ajoutons 100 francs pour le cornac. On obtient alors une dépense maxima de 600 francs pour le transport d'une tonne au moyen des éléphants, au lieu de 2.000 francs au minimum par le service des caravanes; ce service des caravanes est lui-même limité. Il y a en ce moment 33.000 charges en souffrance à Loango (Congo français), ce qui n'a rien de surprenant, le recrutement des porteurs étant de 10.000 à 12.000 par an, c'est donc trois ans qu'il faut pour enlever ce stock qui continuera du reste à augmenter. Les 33.000 porteurs (11.000 renouvelés trois fois) nécessaires dans ce laps de temps seraient avantageusement remplacés par des éléphants. Il suffirait de un an, à 330 de ceux-ci, pour enlever ces 990 tonnes en six voyages.

Sans doute, il se construira des chemins de fer, mais, outre que d'ici longtemps encore, on ne créera que les grandes voies politiques, ou économiques, *dans la construction même de celles-ci*, les éléphants rendront de grands services.

Les Allemands de l'Est africain ont employé deux forts éléphants d'Asie dans les travaux de leur chemin de fer de Tanga; donc, en dehors de ces grandes voies, dont il est permis de pré-

voir et de souhaiter l'achèvement, les mêmes faits qu'à Loango
peuvent se reproduire, au grand détriment du commerce et du
service même des approvisionnements des Européens.

Dans les régions africaines où l'Européen sera surtout directeur

Un bon domestique.

ou surveillant de travaux, ce sont les grandes exploitations qui
sont appelées à un réel avenir, et déjà, le commerce d'échanges
diminuant de la côte vers l'intérieur, un mouvement se dessine
vers les plantations qui se font surtout en caféiers et en cacaoyers.
Or, l'établissement d'une vaste plantation n'est pas sans nécessi-
ter des travaux qui demandent l'emploi d'une grande force : abat-
tage et transport de gros arbres, transport de matériaux divers,
de machines, de récoltes, etc., mais la paresse et l'indolence des

indigènes, en faisant déjà perdre du temps, exige qu'on double le nombre de ceux qui pourraient suffire à une besogne. L'emploi de l'éléphant constituerait une économie considérable de main-d'œuvre.

Bien loin d'entrer dans des considérations aussi sensées, sur tous les points du continent les hommes d'Afrique se livrent avec acharnement à la destruction du grand pachyderme. Trivier nous rapporte que le Tippo-Tib, sultan chasseur d'ivoire et acheteur d'hommes du Centre africain, ne possède pas moins de 35.000 kilos de dents d'éléphants dans ses magasins. Le nombre de kilogrammes d'ivoire passant chaque année sur les marchés d'Anvers, de Liverpool, de Londres, se chiffre par centaines de mille ! Si bien que l'on peut estimer à cinquante environ, le nombre des années qui nous séparent de la disparition complète de l'éléphant d'Afrique.

M. Paul Bourdarie, à qui nous empruntons la plupart de ces détails, a récemment défendu en France la cause de l'éléphant africain. Chargé d'une mission du gouvernement, M. Bourdarie doit repartir pour le Congo où il commencera ses premières expériences de domestication. M. Bourdarie qui a déjà obtenu l'approbation et les adhésions d'hommes éminents dans l'Institut de France et l'Administration des colonies, juge indispensable que l'initiative privée réponde à celle du Gouvernement, « afin de donner aux essais tentés toute la portée nécessaire ». Nous nous faisons volontiers, ici, l'écho de ses paroles (1), et lui souhaitons les succès les plus rapides et les plus complets.

(1) Les personnes qui désireraient avoir de plus amples renseignements sur la ques-

L'animal qui rend le plus de services à l'homme comme bête de somme est sans contredit le *chameau*. Aucun ne saurait parcourir mieux que lui les plaines arides et sablonneuses, et ses merveilleuses aptitudes lui ont valu des Arabes le nom si souvent répété de « vaisseau du désert ».

On sait qu'il existe deux espèces différentes de chameaux. Le

Attelage de chameaux chez les Kalmouks.

chameau proprement dit porte deux bosses; le second n'en a qu'une et doit être appelé dromadaire, bien qu'on le désigne souvent sous le nom du premier. Ces deux espèces sont originaires d'Asie; la première ne s'est guère répandue au delà de l'Asie Mineure; la seconde est commune dans presque toute l'Afrique.

En Arabie, le pays du monde le plus aride, celui où l'eau est le plus rare, le chameau qui est le plus sobre de tous les animaux peut passer plusieurs jours sans boire. Le terrain y est presque

tion de la Domestication de l'éléphant d'Afrique, peuvent écrire à la *Société nationale d'Acclimatation de France*, 41, rue de Lille, Paris.

partout sec et sablonneux; le chameau a les pieds faits pour marcher dans le sable et ne peut au contraire avancer qu'avec difficulté dans les terrains humides et glissants. L'herbe et les pâturages manquent à cette terre; le bœuf y manque également ainsi que les autres animaux domestiques. Le chameau les remplace; sa force et sa docilité en font une bête de somme des plus commodes; sa chair est un bon aliment, et peut remplacer celle du mouton et du bœuf; son lait donne du beurre et d'excellents fromages, et son poil fin et moelleux, qui se renouvelle chaque année par une mue complète, sert à fabriquer des étoffes d'un usage très répandu; aussi les Arabes regardent-ils le chameau comme un présent du Ciel, et sans lequel ils ne pourraient ni voyager, ni commercer, ni subsister.

En Turquie, en Perse, en Mongolie, en Arabie, en Égypte, le transport des marchandises se fait beaucoup par le moyen des chameaux. Les marchands et les passagers, pour éviter les insultes et les pirateries des Arabes, se réunissent par troupes plus ou moins nombreuses, connues sous le nom de caravanes. Ces troupes sont presque exclusivement servies par des chameaux; ceux-ci y sont en plus grand nombre que les hommes. On charge ces animaux, suivant leur force, de tous les objets nécessaires à la traversée, les uns de pain, de vin, de charbon, d'autres de volailles, de légumes, etc. Les dromadaires sont réservés aux voyageurs. Lorsque tout est disposé, l'Arabe conducteur se place en avant; les chameaux le suivent chargés de tout le bagage, et les dromadaires ferment la marche. Au moment du départ, le conducteur entonne en guise de chanson, une espèce de râlement des plus bi-

zarres; les quadrupè-
des l'ont à peine en-
tendu qu'ils se mettent
en marche, accélérant
le pas ou le ralentis-
sant, selon que le
chant est *allegro* ou
largo. Aussi, lors-
qu'une caravane veut
aller à grandes jour-
nées, le conducteur
ne cesse pas un ins-
tant de chanter; et s'il
est fatigué, un autre
Arabe reprend la mu-
sique.

Les chameaux les
plus forts peuvent
porter de 350 à 500
kilogrammes et faire
ainsi 45 kilomètres
par jour, et plus du
double s'ils ne portent
qu'un cavalier. On
leur apprend dès leur
jeunesse à s'agenouil-
ler pour se faire char-

En route pour le désert.

ger; ils ne se relèvent point lorsqu'ils sentent que le fardeau est trop lourd pour leurs forces; il y en a qui se chargent seuls, en passant la tête sous l'espèce de bât auquel les ballots sont attachés. On est obligé de faire un bât particulier pour chaque individu, et d'avoir soin qu'il ne touche pas le haut de la bosse : autrement celle-ci se meurtrirait, et la gangrène et les vers s'y mettraient bientôt; quand cet inconvénient arrive, on met sur la place du plâtre râpé bien fin, qu'il faut changer souvent.

La facilité qu'ont les chameaux de s'abstenir longtemps de boire n'est pas de pure habitude, c'est un effet de leur conformation; outre les quatre estomacs de tous les ruminants, ils présentent une cinquième poche, qui leur sert de réservoir pour conserver l'eau ou la sécréter; s'ils sont pris par la soif, ou qu'ils aient besoin de délayer les aliments secs dont ils se nourrissent, ils font, au moyen d'une simple contraction musculaire, remonter cette eau dans leur panse et jusque dans leur œsophage. Lorsqu'ils paissent dans de bonnes prairies, ils prennent en moins d'une heure, tout ce qui leur est nécessaire pour environ vingt-quatre heures et plus. Mais si les pâturages sont rares, leur sobriété y supplée; ils n'ont pas besoin d'une nourriture délicate, ils semblent même préférer aux herbes les plus douces l'absinthe, le chardon, l'ortie et d'autres végétaux épineux.

Dans les villes d'Orient le chameau étonne par son adresse et sa prudence. « Très soumis à son conducteur, dit M. Léon Michel, il reconnaît sans peine la voix de l'homme qui le guide et il n'est guère besoin de l'aiguillon pour le conduire. Toutefois il n'y a pas entre l'homme et le chameau cette relation, cette association, cette complicité qui existent entre l'homme et le cheval. L'œil du chameau, très vif et très brillant, ne décèle pourtant pas l'intelligence; l'animal circule dans les rues en restant étranger au mouvement qui s'y fait. Il porte son fardeau sans peine ni plaisir, et simplement parce qu'on le lui a placé sur l'échine. Il va droit devant lui, cherchant à n'écraser personne, ou plutôt évitant de se heurter lui-même. Il est hésitant, le moindre obstacle l'arrête, il a peur de se faire mal; il fuit la caresse, il est sauvage. En dépit de la dimension des sacs ou des paniers qu'il porte, jamais il ne heurte ni un homme ni une muraille, tant il craint le contact. Quelquefois son maître le dirige en saisissant à pleine main les trois amulettes triangulaires que porte au cou, comme un talisman, le chameau de l'Arabe superstitieux. »

On a essayé de transporter les chameaux sur d'autres continents; en Amérique ils n'ont pas réussi, non plus qu'en Espagne, en Italie et en France, dans les Landes. Ce n'est pas qu'ils ne puissent y subsister et même y produire; mais ils exigent des soins trop dispendieux, et sont plutôt à charge qu'utiles à ceux qui les élèvent.

Dans les contrées où se propagent le chameau et le dromadaire, les armées se sont servies en tout temps de ces animaux comme auxiliaires dans les combats. Les légions en eurent dans leurs rangs, ou à leur suite. Cyrus en fit usage dans la bataille contre Crésus, et ils contribuèrent beaucoup à la victoire, en portant la terreur et le désordre dans la cavalerie ennemie. Tite-Live fait mention d'archers arabes montés sur des chameaux et armés d'épées, longues de deux mètres, afin de pouvoir atteindre l'ennemi du haut de ces grands animaux; mais le plus habituellement ceux qui les montaient se servaient de flèches : quelquefois deux archers se plaçaient sur le même chameau, adossés l'un à l'autre, afin de pouvoir faire face également à l'attaque et à la défense.

Bonaparte, général en chef, institua dans la campagne d'Égypte, en janvier 1799, un régiment français, composé de deux escadrons, à quatre compagnies de soixante hommes, porté sur des chameaux. Quoique ces montures se composassent presque exclusivement de chameaux, dit le général Bardin, les cavaliers ainsi montés étaient généralement appelés *dromadaires*. Les dromadaires résistaient aux Bédouins, désolaient les cavaliers arabes, surprenaient les mamelouks et suppléaient à l'impuissance des chevaux de France, car le quadrupède d'Égypte est un animal rapide, sobre, facile à discipliner; il escadronne sans beaucoup d'étude; il est capable d'entreprendre un trajet d'une durée de vingt ou de vingt-quatre heures, et de l'accomplir sans s'arrêter; mais il n'est propre qu'aux pays de sable. Il portait d'abord deux hommes, pourvus d'armes, de munitions, d'eau et de subsistance pour cinq ou six jours; mais ensuite il ne porta qu'un soldat, à cause de la difficulté de faire vivre en bonne intelligence ces cavaliers jumeaux. La seconde place du cavalier fut plus utilement employée à transporter des vivres et des munitions. En route, l'homme se tenait à peu près accroupi sur le dos de l'animal, et le guidait aisément, non avec une bride, mais à l'aide d'un anneau de fer passé dans les narines du chameau, comme on conduit en Italie les buffles. La bête s'agenouillait au signal que lui en donnait le cavalier par un certain cri ou sifflement, et au moyen d'une génuflexion du chameau, le soldat montait ou descendait avec facilité. Un seul homme gardait plusieurs de ces animaux, quand ses camarades avaient mis pied à terre et entamaient le combat. Les officiers avaient des pistolets et ils étaient munis de boussoles pour se diriger dans le désert.

L'uniforme, dessiné par Kléber dans le goût oriental, était très brillant. Les soldats avaient un fusil de dragon, avec baïonnette, et un sabre de hussard. Les cavaliers une fois arrivés en présence de l'ennemi, les chameaux fléchissaient le genou, et les hommes, descendant avec leurs armes, entravaient les montures, les pelotonnaient toutes ensemble, laissant au milieu un espace vide pour les gardiens; après quoi, le reste, manœuvrant en dehors du groupe, engageait l'action avec les Arabes. »

Après notre conquête d'Alger, l'excessive mobilité des tribus arabes de l'intérieur, la rapidité avec laquelle leurs cavaliers franchissent les grandes distances, opposèrent longtemps de sérieux obstacles au maintien de la domination française. Comment, en effet, triompher d'un ennemi presque insaisissable et imposer une obéissance durable à des populations fugitives? Dès 1843 une expédition avait été menée à bonne fin, à l'aide de fantassins montés sur des mulets. Bientôt on remplaça les mulets par des chameaux et des dromadaires. Ces animaux, qui en Afrique coûtent quatre fois moins qu'un mulet, subsistent avec ce qu'ils trouvent, portent un fardeau triple, peuvent servir vingt ans, parcourent de grands espaces sans éprouver les besoins des autres bêtes de somme, et supportent plusieurs jours des privations de boisson et d'aliments. Les cavaliers qui les montent se placent sur une espèce de bât creusé vers le milieu et garni à chacun des arçons d'un morceau de bois planté verticalement, qu'ils saisissent, des deux mains, pour résister au trot allongé de l'animal qui produit l'effet du roulis d'un vaisseau. Le commandant Carbuccia organisa à la Maison-Carrée un escadron de cent dromadaires, avec deux cents hommes. Il y avait ainsi deux hommes pour un dromadaire; un seul montait, un autre conduisait; ils se relayaient à chaque halte; tous deux pouvaient monter au besoin. C'est sur l'arrière du bât que le cavalier était assis; le devant était occupé par les sacs des deux soldats, deux outres contenant de quatre à cinq litres d'eau chacune, un grand sac de toile renfermant pour un mois de vivres en biscuit, sel, sucre, café et riz.

Cette organisation d'essai fut abandonnée après la mort du duc d'Isly. Dix ans après, en 1853, on organisa à Laghouat un équipage de cinq cents chameaux, destinés à transporter de l'infanterie dans toutes les parties reculées du Sud algérien. Rien n'était négligé pour que le soldat pût commodément et sans fatigue se servir de ce nouvel instrument de guerre pour traverser le pays de la soif, sans inquiétude, en transportant avec lui l'eau nécessaire et des vivres suffisants pour une course de longue durée (60 à 80 kilomètres par jour).

Enfin, vingt années après l'insurrection de Laghouat, en 1873, la nécessité d'une nouvelle incursion dans le sud de l'Algérie obligea le général de Gallifet qui avait la garde de ces régions lointaines, à monter ses hommes à dos de dromadaires. Cette colonne, qui était munie de vivres pour quarante jours, put renouveler ses provisions et effectuer une marche de cinquante jours à travers le désert, sans laisser en route un seul de ses soldats.

Les Anglais ont utilisé avec succès dans les Indes les régiments de dromadaires. Ces animaux ont également rendu les plus grands services en Amérique, dans les plaines du Texas où on en avait transporté.

Le régiment de dromadaires du général de Gallifet.

Le *lama*, qui rend, en Amérique, certains services comme bête de somme, a sa place marquée après le chameau auquel il ressemble par divers côtés. Comme celui-ci, le lama est d'un naturel sauvage tout en restant doux et patient; comme lui, il est sobre et sans moyens de défense, sauf celui de lancer de la salive au visage de qui le maltraite.

La taille du lama est sensiblement inférieure à celle du chameau et les services qu'il rend à l'homme comme bête de somme, beaucoup moindres. D'ailleurs le service de ces animaux est peu répandu depuis la diffusion des chevaux en Amérique. Cependant le lama sert encore à transporter des fardeaux dans les sentiers escarpés des Cordilières, où la sûreté de son pied le rend très propre à cet usage. Le poids maximum que l'on peut faire porter aux lamas est de 50 kilos, mais ils ne peuvent être chargés tous les jours, et il faut mener dans une troupe le double d'animaux, du nombre nécessaire. Ils peuvent marcher six jours de suite, mais l'on ne peut leur faire faire plus de trois à cinq lieues par jour. Lorsqu'on veut faire accélérer l'allure d'un lama, l'animal se couche à terre, comme résolu à se laisser assommer sur place.

Les lamas sont conduits à certaines époques de l'année dans les vallées les moins éloignées des villes, afin de leur faire porter eux-mêmes leurs toisons sur les points les plus favorables au chargement.

On sait en effet, que la laine provenant des animaux du genre lama : lama proprement dit, alpaca et vigogne, est remarquable par son élasticité et sa finesse. C'est avec la toison de l'alpaca que l'on fabrique le léger drap appelé pour cette cause *alpaga*.

Le *renne* qui appartient au genre cerf, a la taille de cet animal, mais ses jambes sont plus courtes et plus robustes, ses oreilles plus longues, son museau plus élargi. Ses bois sont divisés en ramures plates et dentelées, la femelle en porte comme le mâle.

On sait qu'en Laponie les rennes sont indispensables à la vie des hommes, qui tirent parti de sa chair, de son lait, de son pelage, de sa ramure et même, comme combustible, de ses excréments.

Certains Lapons ont des troupeaux de quatre ou cinq cents

Dromadaire et Lama.

rennes et plus; les moins riches en ont toujours deux ou trois couples. Les uns et les autres se servent du renne pour tirer les traîneaux. Cet animal marche avec beaucoup plus de vitesse et de légèreté que le cheval, nous apprend le Dr Chenu, fait aisément trente lieues par jour et court avec autant d'assurance sur la neige gelée qu'il pourrait le faire sur une pelouse bien unie.

Pour l'attelage, on emploie de préférence les rennes issus de mâles à l'état sauvage et de femelles domestiques, ces individus étant plus vigoureux et plus ardents au travail. Cependant ils sont moins doux que les autres, car non seulement ils refusent parfois d'obéir à celui qui les guide, mais encore ils se retournent brusquement contre lui, l'attaquent à coups de pied et avec violence, de sorte qu'il n'a d'autre ressource que de se couvrir de son traîneau jusqu'à ce que la colère de la bête soit passée; du reste, le traîneau lapon est si léger, qu'on le manie et le retourne aisément sur soi : il est garni, par-dessous, de peaux de jeunes rennes, le poil tourné contre la neige et couché en arrière pour que le véhicule glisse plus facilement en avant et recule moins aisément sur les chemins en pente.

Le renne attelé n'a pour collier qu'un morceau de peau où le poil est resté, d'où descend sur le poitrail un trait qui lui passe sous le ventre et va s'attacher par un trou qui est sur le devant du traîneau. Le Lapon n'a pour guide qu'une seule corde, attachée à la racine du bois de l'animal, qu'il jette diversement sur le dos de la bête, tantôt d'un côté, tantôt d'un autre, selon qu'il veut la diriger à droite ou à gauche. On peut ainsi faire quatre ou cinq lieues à l'heure; mais si cette manière de voyager est prompte, elle est aussi très incommode, et il faut y être habitué et travailler continuellement pour maintenir son traîneau en équilibre et l'empêcher de verser.

Ce véhicule à la forme d'un canot qui serait coupé par le travers; il est pourvu d'une quille qui sert de patin et glisse sur la neige, et l'arrière se termine à pan coupé. Ces traîneaux varient de taille mais ne changent pas de forme; les plus grands servent de magasin ou de garde-manger ambulant.

Le *chien*, ainsi que nous le verrons plus loin, est employé dans certains pays à l'attelage des traîneaux et des voitures, mais les services que l'homme obtient de ce précieux animal sont infini-

Attelage de rennes chez les Lapons.

ment plus variés, et ils remontent aux origines des civilisations.

Buffon a fort justement dit : « Comment l'homme aurait-il pu, sans le secours du chien, conquérir, dompter, réduire en esclavage les autres animaux? Comment pourrait-il encore aujourd'hui découvrir, chasser, détruire les bêtes sauvages et nuisibles? Pour se mettre en sûreté et pour se rendre maître de l'univers vivant, il a fallu commencer par se faire un parti parmi les animaux, se concilier avec douceur et par caresse ceux qui se sont trouvés capables de s'attacher et d'obéir, afin de les opposer aux autres. Le premier art de l'homme a donc été l'éducation du chien, et le fruit de cet art, la conquête et la possession paisible de la terre. »

« Plus docile que l'homme, ajoute Buffon, plus souple qu'aucun des animaux, non seulement le chien s'instruit en peu de temps, mais il se conforme même à toutes les habitudes de ceux qui lui commandent... »

Ajoutons qu'on peut lui demander quantité de services. Selon les circonstances, le chien sera chasseur, pêcheur, guerrier, gardien des habitations, des marchandises, ou des troupeaux. Attelé au traîneau du Kamstchadale, il remplira l'office de cheval ou de renne; dans les rues de Constantinople, du Caire, celui de chiffonnier et de balayeur, en débarrassant les rues de leurs ordures ménagères; dans nos cirques, il sera clown, sauteur et gymnasiarque, et tout cela, par l'effort combiné de son intelligence, de son odorat et de ses membres nerveux et rapides.

Nous n'avons pas à dire ici le rôle du chien comme chasseur, gardien ou guerrier, quoique cependant dans ce dernier état, on l'utilisait au moyen âge pour transporter le feu dans les escadrons et mettre ainsi les chevaux en désordre. Les chiens guerriers étaient bardés de cuir afin de ne pas encourir le risque d'être brûlés par la résine en feu qu'ils portaient sur leur dos, dans un vase de métal.

A l'attelage, le chien rend d'excellents services. En Belgique, en

Hollande, ce sont eux qui remplissent pour le compte des laitiers l'office de cheval, en traînant de petites voitures chargées de pots de lait. A Bruxelles ils aident à la traction des voitures à bras, attelés sous ces véhicules.

En France, bien qu'un arrêt interdise le travail des chiens, il n'est pas rare de voir à Paris, des chiens attelés d'une façon primitive. Ces chiens aident les chiffonniers à sortir de la ville les petites voitures de chiffons et de ferrailles, produit de la récolte matinale. La préfecture de police tolère cette infraction à la loi, mais il n'en est pas ainsi dans certaines localités du Nord où l'administration est à ce sujet, constamment aux prises avec la population.

Au début de l'année 1897, à propos d'un jugement rendu par le tribunal d'Avesnes, cent quarante commerçants du Pas-de-Calais adressèrent au préfet une pétition que nous reproduisons, pour les détails intéressants qu'elle contient :

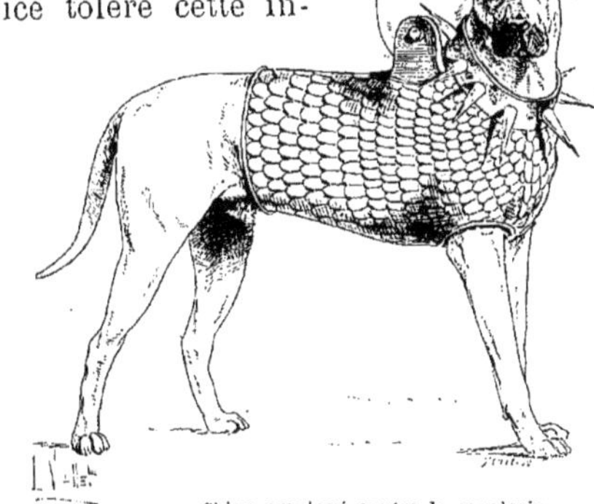

Chien employé contre la cavalerie au moyen âge.

« Permettez aux petits commerçants dont les noms accompagnent cette pétition de venir solliciter l'autorisation d'utiliser les chiens de trait.

Les services que ces animaux leur rendent sont trop nombreux pour les énumérer ici : la plupart des marchands de charbon, de sable, de légumes, de lait, n'ont pas le moyen de posséder un cheval pour le transport de leurs marchandises, ils doivent user de voitures à bras et recourir bien souvent à l'assistance de leur femme ou de leurs enfants.

Vous daignerez prendre en considération que, dans le Pas-de-Calais, l'usage des chiens est toléré ; que, notamment en Belgique, cette licence existe pour le bien-être du petit commerce.

L'an dernier, à Bruxelles, un concours de chiens de trait récompensa les plus dignes, de récompenses très encourageantes pour leurs propriétaires.

Il y a quelques années, il y eut à Lille un concours agricole sur l'Esplanade ; l'on y admirait des machines mues par des chiens, travail très fatigant. Cependant, personne n'a trouvé en cela aucun motif à critique, et les autorités elles-mêmes ont décerné des primes.

Le petit commerce local, aujourd'hui véritable bureau de tous les souffreteux, est doublement menacé par les coopératives ; cette situation est aggravée encore par de fortes patentes et mérite votre attention.

En leur accordant l'autorisation qu'ils sollicitent, les signataires pourront étendre leur commerce et éviteront surtout les contraventions nombreuses dont ils viennent d'être victimes.

Les marchés aux chiens, devenus déserts par une mesure répressive, reviendront ; la race des bons chiens s'améliorera davantage et tout n'en ira que mieux pour tout le monde.

Contre cette faveur, les petits commerçants s'engagent à museler leurs chiens, à ne pas les brutaliser et à leur procurer les meilleurs soins. »

Tout est là ; il faut au chien un maître qui ne le brutalise pas et qui lui procure « les meilleurs soins ». A part cela il n'y a aucune raison pour empêcher que le chien devienne un animal de trait, et que compagnon de l'homme, il partage les travaux de son maître ; nous faisons donc des vœux pour que les habitants du Pas-de-Calais finissent par obtenir gain de cause.

Les chiens sont admira-

Chiens des Esquimaux.

CHAR ANTIQUE.

blement organisés comme tracteurs ; nous allons voir de quelle importance sont les services qu'ils rendent en Sibérie, au Kamtschatka, au Groënland, au Canada, en Islande, en Laponie où ils sont attelés à des traîneaux.

« Les chiens employés à la traction dans les pays du Nord, dit M. Gayot, ont une physionomie caractéristique : le poil droit, roide et soyeux ; le museau très pointu, la tête allongée ; les oreilles droites et roides, quoique longues ; la queue en brosse comme celle du renard, touffue et fortement relevée en cercle. Ils ressemblent à nos chiens-loups.

Les Esquimaux emploient si constamment ces animaux au traînage qu'on se demande comment ils vivraient sans eux. C'est effectivement en traîneaux, en traîneaux tirés par quatre et six chiens que ce peuple chasse pour sa propre subsistance. C'est surtout le renne qui est la proie cherchée et convoitée. Les chiens esquimaux mettent à le découvrir une grande sagacité ; ils le poursuivent avec une telle ardeur, qu'une fois qu'ils l'ont en vue, ils deviennent absolument ingouvernables. Au reste, ils agissent de même dès qu'ils sentent un ours ou un veau marin. C'est donc à l'instinct chasseur des chiens, à leur force et à leur vivacité que sont attachés les moyens d'existence d'un peuple entier. »

En Sibérie, les chiens sont un peu moins vigoureux. On les emploie néanmoins à la traction des traîneaux et des charrettes, mais surtout des traîneaux légers. Dans cette contrée qui n'est guère traversée que par une ligne de chemin de fer, avec de rares et courtes ramifications, les chiens sont appliqués d'une façon assez pittoresque au service de la poste. Ils y déploient une grande intelligence et beaucoup de vitesse. Attelés en longues files, de la manière la plus primitive et la plus rustique, ils tirent au moyen d'une corde qui leur entoure le cou et passe entre les jambes. Une fois liés au traîneau, ils partent ensemble au galop. Sans dévier jamais de leur route, ils arrivent du même pied, sans aucun temps d'arrêt, à la poste voisine, et chose remarquable, sans qu'il ait été plus besoin de les stimuler que de les diriger. Les mêmes intelligents serviteurs sont employés ainsi au halage des bateaux qui, en été, remontent les rivières.

Au Kamstchatka, les chiens ont quelque chose de la rudesse et de la sauvagerie de leurs maîtres. D'après Mayne-Reid, ils abandonnent en été les *ostrogs* ou villages pour venir au bord des lacs et des rivières où ils se nourrissent de poisson, qu'ils parviennent à attraper, ou mangeant les parties dédaignées par les ours. Ces chiens ne retournent pas au logis avant les gelées. Alors, chose étrange, tous reviennent se soumettre volontairement à leurs anciens maîtres; de rudes maîtres, qui non seulement les font travailler comme des esclaves mais les laissent à moitié mourir de faim pendant tout l'hiver. La misérable nourriture de têtes et d'entrailles de poisson vaut encore mieux que rien, et le chien kamstchadale sentant parfaitement qu'il ne trouverait pas sa subsistance s'il restait dehors, préfère revenir de lui-même à l'ostrog, et « s'embaucher » durant la saison froide.

Mayne-Reid nous signale, à propos des mêmes animaux, cette particularité bizarre, que l'exclamation *ah!* selon qu'elle est lancée par un conducteur de traîneau kamstchadale avec ou sans aspiration : ha! ou ah! fait que, dans le premier cri, l'attelage se met en marche, ou que, dans le second, il s'arrête brusquement.

Chez les Lapons, les chiens sont employés aussi comme bêtes de trait, mais ils sont plus doux, plus familiarisés à l'homme que leurs

Marc-Antoine et la comédienne Cythéris.

congénères du Kamstchatka. Ils sont également utilisés à la garde des troupeaux de rennes.

Avec le chien se termine la série des animaux employés au transport. Bien d'autres, depuis le lion jusqu'à la puce ont été attelés à des voitures proportionnées à leur taille, mais ces attelages de fantaisie ne visaient pas le moins du monde le côté utilitaire de la traction animale.

Le triumvir Marc-Antoine fut, dit-on, le premier qui se fit conduire dans Rome en compagnie de la comédienne Cythéris, par des lions attelés à un char. Cet exemple fut suivi par Héliogabale qui réussit également à faire tirer un char par des tigres.

« L'empereur Firmus fit mener son coche à des autruches de merveilleuse grandeur, de manière qu'il semblait plus voler que rouler (1), » dit Montaigne, d'après Flavius Vopiscus.

La voiture aux chèvres, d'après Victor Adam.

Dans le domaine des attelages excentriques, nos ménageries, nos cirques et nos *music-hall* offrent de quoi satisfaire les plus blasés. Là, les animaux ne sont pas seulement bêtes de trait : ils sont souvent cochers, et il n'est pas rare de voir par exemple des attelages de chiens conduits par des singes.

(1) L'élevage de l'autruche est pratiqué avec succès sur différents points de l'Afrique, mais bien que cet animal soit remarquablement doué pour la course, les éleveurs d'autruches ne tirent parti que de ses plumes, fort appréciées, comme on sait dans le commerce des modes pour dames.

On a pu admirer dans certaines baraques de foires, des puces attelées à de petites voitures en papier. D'autrefois, ce sont des perroquets, des chats, des antilopes, des boucs, des mouflons que l'on place entre des brancards. Enfin, depuis plus de cinquante ans, un attelage de chèvres est de mode aux Champs-Élysées; des générations d'enfants se sont succédées dans la même petite voiture dont nous donnons ci-dessus une reproduction.

Tête de l'éléphant d'Afrique.

CHAPITRE V

LES VOITURES PARTICULIÈRES AFFECTÉES AU TRANSPORT DES PERSONNES OU DES MARCHANDISES

Les premières voitures, les premiers *chars*, pour employer le mot consacré à la dénomination générique des véhicules dans l'antiquité, qu'ils soient d'apparat, de triomphe ou de simple utilité, datent de la formation des premières sociétés politiques.

Sans rechercher, ainsi que certains auteurs, si l'invention peut en être attribuée à Pallas, à Tlépomène, à Trochilus ou bien au roi d'Athènes, Erichtonius, que ses jambes torses empêchaient d'aller à pied, il est manifeste que l'usage des chars est fort ancien.

Les premiers furent de grossiers traîneaux sans roues. On y adapta ensuite deux roues; les Phrygiens, les premiers en mirent quatre, les Scythes allèrent jusqu'à six, mais leurs voitures étaient des espèces de maisons ambulantes.

Les Grecs appelaient les chars ἅρμα, ἅρμαξα; les Latins *currus* et *carrus*, qui sont des noms génériques. Le *currus*, qui répondait à ce que nous avons successivement appelé *char*, *chariot*, *carrosse*, *calèche*, et à toute voiture roulante qui sert à voyager, se divisait en plusieurs espèces, qui avaient chez les Latins les noms

Currus.

de *bigæ*, *trigæ*, ou *quadrigæ*, suivant le nombre de chevaux dont ils étaient attelés; les *bigæ* étaient à deux chevaux, les *trigæ* à trois, les *quadrigæ* à quatre. Il y avait encore des chars à six chevaux de front appelés *sejuges;* ou à sept qu'on nommait *septijuges;* et même à dix chevaux de front (*decemjuges*) : mais tous ces chars à six, à sept, à dix chevaux, n'ont guère servi, à ce que croit dom Bernard de Montfaucon, que pour les cirques et pour les triomphes.

Les noms ci-dessus sont plutôt particuliers aux attelages; il y en eut de propres aux différentes formes de voitures, une vingtaine environ, sans compter les chariots destinés au transport des marchandises.

Voici, d'après Rich, la description des chars antiques les plus connus, avec figures à l'appui.

C'est d'abord le *currus* proprement dit, *char* ou voiture à deux roues où l'on entrait par derrière, mais qui était fermée sur le devant et découverte. Elle était faite pour contenir deux personnes, le conducteur et une autre, toutes deux debout, et elle était tirée par deux, trois ou quatre chevaux, et à l'occasion même par un plus grand nombre. Notre spécimen est pris d'un modèle, conservé maintenant au Vatican; il est en bois, mais couvert de plaques de bronze : quand

Carpentum.

Cisium.

on le trouva, il était brisé en plusieurs pièces qu'on a depuis rapportées et réunies.

Le *currus triumphalis*, était le char qui portait le général romain dans son triomphe. Il n'était pas ouvert par derrière comme le *currus* ordinaire; mais il était complètement circulaire et fermé tout autour; on en voit fréquemment des reproductions sur les médailles romaines.

Carruca ou carrucha.

La *tensa* ou char de cérémonie sur lequel on transportait en grande pompe les images des dieux dans les jeux du Cirque. Le *pilentum* servait aux dames romaines les jours de fête et de gala, tandis que le *carpentum* était employé journellement. Cette dernière voiture était à deux roues, couverte d'une capote et pourvue de rideaux qui se tiraient; elle pouvait contenir deux ou trois personnes et était traînée ordinairement par des mulets.

On donnait le nom de *cisium* à une voiture légère, sorte de chaise à deux roues et à deux places. On y attelait quelquefois deux chevaux de volée.

La *carruca* ou *carrucha* d'où vient le mot italien *carroza* et le français *carrosse* était, selon quelques auteurs

Rheda.

CHAR ANTIQUE.

latins, une voiture ornée et de grand prix. D'autres emploient le terme carruca dans un sens plus général et désignent la même voiture sous le nom de carruca et de *rheda*. Cette dernière était munie de plusieurs sièges et ressemblait un peu au char à bancs actuel couvert. L'*esseda* ou *essedum*, de même que la rheda, fut connue des Gaulois avant d'être adoptée à Rome. C'était un char découvert par devant, mais fermé par derrière et tiré par deux chevaux, il servait à la guerre. Le *covinus* fut aussi un char de guerre employé par les Belges et les anciens Bretons; il était armé de faulx. Ce même nom désigne encore une voiture de voyage employée chez les Romains.

Benna est un mot gaulois; il désigne un chariot à quatre roues ou une voiture faite d'osier comme on le voit dans notre figure empruntée à la colonne de Marc-Aurèle. Enfin l'*arcera* ressemblait à un vaste coffre (*arca*) par sa construction particulière, toute en planches. On s'en servait à Rome pour transporter les invalides ou les infirmes.

Les historiens nous ont laissé des chars de triomphe ou des chars ayant figuré à Rome dans les cérémonies en l'honneur des dieux et des empereurs, certaines descriptions trop éloquentes pour nous laisser croire que le luxe des voitures fut poussé plus loin et à aucune époque chez d'autres peuples.

« Héliogabale, le Sardanapale de Rome, dit l'historien Lampride, avait des voitures couvertes de pierres précieuses et d'or, ne faisant aucun cas de celles qui étaient garnies d'argent, d'ivoire et d'airain. Cet empereur, n'étant encore que particulier, ne se mettait jamais en route avec moins de soixante chariots.

Empereur, il se faisait suivre de six cents voitures, alléguant que le roi des Perses voyageait avec dix mille chameaux et Néron avec cinq cents carrosses. »

Benna.

« Le même Héliogabale, ajoute M. De-harme dans ses *Merveilles de la Locomotion,* avait pour son dieu Élagabale, un char orné d'or et de pierres précieuses, traîné par six chevaux blancs richement caparaçonnés. Le dieu conduisait, ou mieux, semblait conduire. Héliogabale marchait en avant du char à reculons. Le chemin à parcourir était couvert de poudre d'or pour prévenir ses faux pas et l'empêcher de glisser sous les pieds des chevaux dont il réglait l'allure.

L'un des chars les plus remarquables, est celui dont Diodore de Sicile donne la description, et qui transporta le corps d'Alexandre, de Babylone en Égypte. La voûte était d'or, recouverte d'écailles en pierres précieuses au sommet. Le trône et les ornements placés sur ce char étaient en or; les rais et les moyeux des roues étaient dorés. Soixante-quatre mules, par seize de front, portant des couronnes d'or et des colliers de pierres précieuses traînaient ce char, dont la construction avait exigé deux années de travail. »

Nous avons donné les noms de certains chars employés par les Gaulois :

Arcera.

Nos ancêtres, dans les guerres qu'ils soutinrent contre les Romains, depuis l'an 295 avant l'ère chrétienne, avaient adopté un genre de défense qui leur fut toujours d'une grande utilité pour soutenir leur infanterie contre la cavalerie romaine. C'étaient des chariots garnis de pointes acérées, et montés par de nombreux archers. Eux seuls en Italie en faisaient usage, et ils les manœuvraient avec une dextérité remarquable. Chaque chariot attelé de chevaux, contenait plusieurs hommes armés de javelots ou d'épées, qui tantôt combattaient d'en haut, tantôt sautaient dans la mêlée pour y combattre à pied, réunissant à la fermeté du fantassin la promptitude du cavalier. Le danger devenait-il pressant, ils se réfugiaient dans leurs chariots, et se portaient à toute bride sur un autre point qui avait besoin de secours. Les Romains admiraient l'adresse des archers gaulois à lancer leurs chariots, à les arrêter sur des pentes rapides, à faire exécuter à ces lourdes machines toutes les évolutions exigées par les mouvements de la bataille; leurs conducteurs couraient sur le timon, se tenaient ferme sur le joug, se rejetaient en arrière, descendaient, remontaient avec une adresse extraordinaire et la rapidité de l'éclair.

Ces chariots de guerre servaient aussi bien à la défense qu'à l'attaque. Liés ensemble, ils formaient, avec les chariots de bagages, les seuls retranchements dont les Gaulois entourassent leurs camps. Dans plusieurs batailles qu'ils eurent à soutenir contre les Romains, on les vit, au moment où leur cavalerie était dispersée, ouvrir tout à coup les rangs de l'infanterie pour livrer passage, avec un bruit épouvantable, à leurs chariots qui rompaient et culbutaient tout sur leur passage. En un instant la cavalerie romaine, jusque-là victorieuse, était dispersée; les chariots pénétraient dans la masse compacte des légions, et l'infanterie et la cavalerie gauloise achevaient leur déroute.

Les anciens chroniqueurs ne nous disent pas de quelle forme était la modeste voiture sur laquelle Clotilde se fit transporter de la cour de son oncle Gondebaud, roi de Bourgogne, pour aller épouser Clovis. A l'époque où

> Quatre bœufs attelés, d'un pas tranquille et lent,
> Promenaient dans Paris le monarque indolent;

à l'époque mérovingienne, le chariot se nommait, comme du temps des Romains, *carpentum*. Il était à quatre roues égales, couvert en berceau demi-circulaire et son plancher portait directement sur les essieux.

Pour se rendre compte du peu d'avancement dans lequel on trouve la carrosserie au moyen âge, (elle fut plus perfectionnée de beaucoup, dans l'antiquité), il faut savoir qu'elle ne pouvait avoir aucune importance vu l'état des routes, vu les guerres incessantes qui survinrent, vu enfin l'habitude que chacun avait du cheval et de la mule, non comme moyen de traction, mais comme moyen de transport direct. Ces peuples cavaliers devaient estimer médiocrement l'homme qui se faisait « trainer ». Il fallait être âgé, et de plus infirme comme l'évêque anglais Erkenwald, pour se servir, en 675, d'une sorte de voiture ou chaise à roues.

Ajoutons à cela, que pendant au moins cinq siècles, du douzième au seizième, les voyages étaient à près près rendus impossibles à cause des brigandages qu'exerçaient sur les routes ces sociétés de malfaiteurs qu'on désignait du nom générique de *Compagnies* et particulièrement de Brabançons, Écorcheurs, Cotereaux, Mille-Diables, Aragonais, Routiers, Malandrins, Ribauds, etc...

Toutes ces troupes se ressemblaient par un esprit de rapine que l'imprévoyance des gouvernements semblait se plaire à entretenir; on les rassemblait en hâte et sans choix quand la guerre éclatait; on les licenciait quand les hostilités cessaient et quoique souvent même la paix ne fût pas faite, parce qu'on ne savait comment les nourrir ou les payer, ni quel parti en tirer. Ces hommes affamés et sans ressources gardaient leurs armes et se livraient à de tels brigandages que dans certaines régions les paysans devaient abandonner la campagne et la culture pour se retirer dans les villes, d'où la famine, la peste, etc.

Tous les Mémoires parlent des exploits de ces scélérats qui « firent moult de maux et griefs au pauvre peuple de France, et aux marchands ». Leurs troupes étaient généralement composées de cadets et de bâtards des maisons nobles et de leurs serviteurs et commandées par de grands seigneurs de France; leurs armées s'élevaient parfois jusqu'à 100.000 hommes.

Malgré tant d'encombres, il paraît cependant que l'usage des voitures se répandit avec assez d'excès, tout au moins dans Paris, pour que Philippe le Bel, en 1294, lançât une ordonnance qui commence ainsi : « Nulle bourgeoise n'aura char. » Quatre ans après, on appliquait aux voitures un tarif pour l'entretien des « chauciés » (chaussées) dans la capitale. Ce tarif pour les « chars » était de quatre deniers; pour les « charrettes », deux deniers; et enfin, pour les « menues voitures qui suient les marchiés de Paris », un denier.

Le premier carrosse à coffre suspendu « par des souppants (soupentes) en cuir de Hongrie » qui paraisse avoir été employé, fut celui de la reine Isabeau, qui lui servit en 1405, lors de son entrée solennelle à Paris ; c'est au moins le premier dont on ait gardé le souvenir. Cinquante ans après, sous Charles VII, les ambassadeurs de Ladislas V, roi de Bohême et de Hongrie, offrirent à la reine un « chariot branlant » (suspendu) et « moult riche, qui fit la surprise et l'admiration du peuple et de la cour.

Carruque, voiture de luxe à deux chevaux, du Vᵉ au Xᵉ siècle ; d'après une ancienne miniature.

Cependant les progrès des moyens de transport furent lents en France. En 1550, on ne comptait à Paris que trois carrosses de luxe. Le premier appartenait à Catherine de Médicis ; le second à Diane, fille de Henri II ; le troisième à Jean de Laval, seigneur de Bois-Dauphin, qui fut autorisé à posséder carrosse parce que son obésité l'empêchait de monter à cheval. Dans son *Histoire de mon temps*, de Thou dit que sa mère est la première femme qui sans être princesse ait été autorisée à rouler carrosse (vers 1555).

En 1586, les seigneurs et les dames de la cour de Henri III venaient encore au Louvre à cheval; et les hommes se présentaient dans les réunions ou dans les dîners en bottes et en éperons. Pendant assez longtemps Henri IV n'eut qu'un seul carrosse pour lui et pour sa femme; et un jour qu'elle s'en servait, il ne put aller voir à l'Arsenal son ami Sully, qui avait pris médecine. « Je ne saurais aller vous voir aujourd'hui, parce que ma femme se sert de *ma* coche. »

Le duc d'Épernon fut le premier qui, en 1607, entra en carrosse dans la cour du Louvre, honneur qui plus tard fut accordé à Sully, à cause de sa mauvaise santé. Au reste, ces carrosses, qu'on appelait aussi *coches* (du latin *concha*, coquille), n'étaient rien moins qu'élégants et commodes. A peine comparables aux plus mesquines messageries, ils n'avaient, au lieu de glaces, que des rideaux, et pour portières que des tabliers en cuir, que l'on abaissait pour y entrer. Il régnait à l'intérieur une obscurité complète quand le mauvais temps obligeait à les fermer. Tel était le carrosse dans lequel Henri IV fut assassiné. Un simple rideau ne pouvait opposer qu'un faible obstacle au poignard de Ravaillac.

Voici d'ailleurs un exemple typique de la façon de voyager pendant les dernières années du seizième siècle. Un premier président au Parlement de Paris, Gilles Le Maître exigeait de ses fermiers « qu'ils fussent tenus, la veille des quatre bonnes fêtes de l'année ou au temps des vendanges, de lui amener une charrette couverte, avec de bonne paille fraîche dedans, pour y asseoir commodément Marie Sapin, sa femme et sa fille Geneviève; comme

Un carrosse à l'époque du règne de Henri IV; d'après Mérian.

aussi de lui amener un ânon ou une ânesse pour faire monter dessus sa chambrière, pendant que lui marcherait devant, monté sur sa mule, accompagné de son clerc, qui serait à pied à ses côtés ».

Peu de temps après la mort de Henri IV, le maréchal de Bassompierre se fit construire un petit carrosse avec glaces sur le modèle d'un de ceux qu'il avait vus en Italie.

Le luxe des voitures qui précédemment avait été assez restreint, s'étendit tellement sous la minorité de Louis XIII, que l'on dut défendre « à tous ouvriers de dorer à l'avenir ou faire dorer aucuns carrosses à peine de 1.000 livres d'amende ». Cette défense ne suffisant pas, le même roi, en 1634, rédigea une déclaration où se trouve le passage suivant en ce qui concerne les voitures : « Le roi fait aussi défense à tous carrossiers de faire, vendre ni débiter, du jour de la publication de cette ordonnance, aucuns carrosses ou litières, brodez d'or, d'argent ou soye, ni chamarrez de passemens d'or ou d'argent, passemens de Milan, satins brodez ou passemens veloutez ni de faire doubler d'aucune étoffe de soye les bottes, mantelets, custodes, bouts et gouttières des carrosses; leur défend pareillement de faire dorer les bois des carrosses et litières; à peine contre les carrossiers et autres ouvriers contrevenans de 500 livres d'amende, de confiscation, d'être déclarez infâmes et bannis pour cinq ans du ressort du Parlement, sans pouvoir jamais exercer aucun métier... »

Grâce à des mesures prohibitives du genre de celles-ci, on ne comptait dans Paris, en 1658, que trois cent dix carrosses. La *calèche* était nouvellement inventée. La reine s'en servit pour la première fois en 1644, lors de son séjour à Rueil.

> « Marquis, allons au Cours faire voir ma calèche;
> Elle est bien entendue, et plus d'un duc et pair
> En fait à mon faiseur faire une de même air »,

dit Molière dans *les Fâcheux* (1661).

La création de la calèche fut une véritable concession faite à l'élégance dans l'art du carrossier. On sait que cette voiture se distingue particulièrement par la capote mobile dont elle est pourvue. Cette capote est en cuir et se trouve tendue sur quatre cerceaux; de plus elle est soutenue par des leviers en fer à charnière,

Carrosse de Louis XIV, au bois de Vincennes ; d'après Van der Meulen.

en forme d'S, que l'on appelle *compas*. Lorsqu'on veut ouvrir complètement la calèche, le domestique resserre ces compas en les repliant sur eux-mêmes et en jetant la capote en arrière.

Dans la relation qu'il fit de son voyage à Paris, en 1698, le docteur anglais Martin Lister dépeint ainsi qu'il suit, d'après M. Alfred Martin, les moyens de transport de la capitale française par rapport à ceux de Londres. « Il y a ici un grand nombre de carrosses, fort ornés de dorures, mais il y en a très peu qui soient grands et à deux fonds, et encore appartiennent-ils tous à la haute noblesse. Ce qui leur manque en grandeur et en élégance, si nous les comparons aux nôtres de Londres, est amplement compensé par leurs commodités et leur facilité à tourner dans les rues les plus étroites. Dans ce but, ils sont tous à col de cygne, avec les roues de devant très basses : elles n'ont pas plus de deux pieds et demi de diamètre. Il est bien plus aisé d'y monter, et le siège du cocher étant plus bas en conséquence, vous permet de voir quelque chose par la glace de devant, tandis que chez nous, le cocher est, sur son siège élevé le seul point de vue que nous ayons. Tous, jusqu'aux fiacres, ont aux quatre coins de doubles ressorts qui dissimulent tous les cahots. Jamais je ne m'en suis mieux aperçu qu'un jour où, après m'être servi pendant quatre mois de voitures de Paris, il m'arriva de monter dans la meilleure voiture de Londres, de Mylord. Pas un cahot qu'on ne ressentit en plein; aussi une heure de cette voiture me fatigua plus que dix de celles de Paris. »

A maintes reprises, Louis XIV, suivant en cela l'exemple de ses aïeux, lança des ordonnances pour resteindre le luxe des voitures, du harnachement des chevaux et de la tenue des laquais, mais ces mesures n'empêchèrent pas la carrosserie de progresser et de livrer à la circulation de nouveaux modèles. C'est dans la seconde partie du long règne de Louis XIV qu'on vit apparaître la *berline*, le *cabriolet*, et le *carrosse-coupé* ou *berlingot*.

La *berline* se distinguait du carrosse en ce qu'elle avait deux brancards à son train. La caisse de cette voiture était soutenue par des soupentes, larges courroies cousues l'une sur l'autre, et remplacées plus tard par des ressorts. On a dit autrefois *brelin-gue* ou *brelinde*, mais à tort, car cette espèce de voiture tire son nom de la ville de Berlin, où la première paraît avoir été fabriquée par Philippe Chiese, natif d'Orange et premier architecte de l'électeur de Brandebourg, Frédéric-Guillaume.

Le *cabriolet* commença par être à quatre roues et traîné par

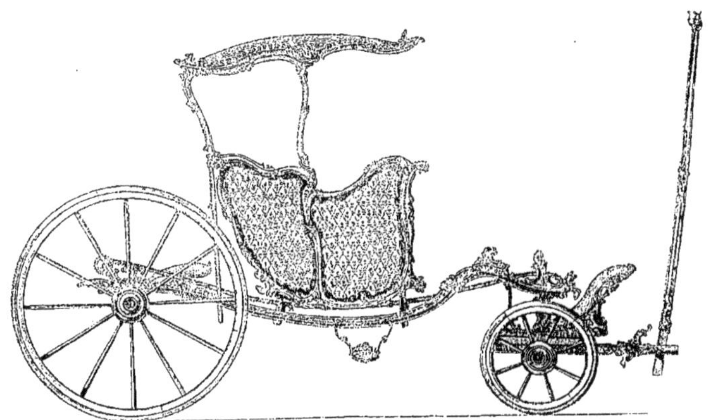

Diable (carrosse-coupé); d'après Lucotte.

deux chevaux, mais cette voiture qui devint plus tard le type de presque toutes les voitures ouvertes et élégantes ne fut perfectionnée qu'à la fin du dix-huitième siècle.

Le *carrosse-coupé* ou *berlingot* et plus souvent *brelingot*, différait de la calèche, en ce que le corps de la voiture était *coupé* par devant, à partir de la portière.

Ces types de véhicules eurent de nombreux dérivés : le *vis-à-vis*, qui était une berline à deux places et à deux fonds, la *gondole*, la *berline à quatre portières*, la *dormeuse*.

« La *gondole*, dit M. Deharme, pouvait contenir douze personnes assises. C'était un grand coffre, avec banquettes sur les quatre
faces, éclairé par huit petites fenêtres, trois de chaque côté, une
à l'arrière. Au-dessous du plancher se trouvait, comme dans la
plupart des voitures de cette époque, la cave destinée à contenir

Calèche en gondole; d'après Lucotte.

les provisions et les hardes. D'ailleurs, cette voiture était extrêmement lourde, d'un accès difficile, et semblait refuser aux voyageurs,
par la petitesse de ses ouvertures, l'air qu'ils allaient chercher à
la campagne.

La *berline à quatre portières*, ou *berline allemande*, était aussi
voiture de campagne. Le roi et les princes s'en servaient bien à la
ville, mais elle s'employait spécialement pour les promenades.
Elle ne contenait que six personnes, disposées tout autrement que
dans la gondole : au lieu d'un siège circulaire, il y avait trois

banquettes parallèles, deux contre les fonds, une au milieu. Il y avait donc deux ruelles desservies chacune par deux portières, une sur chaque face latérale.

La gondole mesurait 8 pieds sur 4 pieds 3 pouces en moyenne

Carrosse de luxe, style Louis XVI.

à la ceinture. La berline allemande était un peu plus petite : 6 pieds et demi de longueur sur 44 à 46 pouces de largeur.

On le voit, la différence est grande de ces voitures dans lesquelles nos arrière-grands-pères allaient respirer l'air des champs, à celles que nous avons aujourd'hui. Quel sentiment de gêne et de malaise n'éprouverions-nous pas s'il nous fallait changer notre landau, qui permet de respirer librement, de s'allonger, de jouir à l'aise de la vue de la campagne, pour une de ces grandes et lourdes boîtes fermées, privées d'air et de lumière, et où l'on ne pouvait s'étendre pour dormir qu'à la condition d'en défoncer les parties antérieure et postérieure, pour y passer la tête et les jambes (1). Dans les *dormeuses* d'autrefois, le fond et le devant de la voiture, au lieu d'être fixes comme dans les voitures ordinaires,

Cabriolet.

étaient rendus mobiles à l'aide de charnières. Le fond s'abaissait sous les reins du voyageur, une petite niche creuse se formait à l'avant, dans laquelle il pouvait loger ses pieds !

Ces artifices de construction ne seraient plus admis aujourd'hui que dans les voitures de malades. »

L'art du carrossier et du charron peut en effet subvenir actuellement à toutes les exigences du confortable par les moyens les plus

(1) Les difficultés étaient les mêmes pour en sortir. « Chacun redemande sa jambe ou son bras à son voisin lorsqu'il s'agit de descendre, » dit Mercier.

1. Chaise de poste. 2. Berline. 3. Voiture d'apparat.
(Voitures tirées de la *Collection de meubles* de la Mésangère.)

simples et sans nuire aux principes d'harmonie dont ne doit jamais se départir quiconque assemble les parties de quoi que ce soit pour en faire un tout. Ce tout, en carrosserie est fort variable, puisque la forme des voitures peut non seulement répondre à tous les besoins, mais encore différer suivant le genre et la taille de l'animal qu'on y attelle, suivant l'état des voies de communication, la vitesse requise, le climat, etc.

N'ayant pas à entrer ici dans de longs détails sur la construction des voitures, nous nous bornerons à passer en revue les principaux genres de véhicules utilisés aujourd'hui en France, résumant un excellent travail de M. G. Anthoni, dans le *Dictionnaire de l'Industrie*. Nous y joindrons quelques descriptions succinctes des voitures les plus remarquables en usage dans divers pays.

On peut diviser les voitures en deux classes principales d'après leur destination : 1° les voitures affectées au transport des marchandises; 2° les voitures qui servent au transport des personnes. Il en est de mixtes, c'est à dire qui transportent des personnes et des choses, comme les omnibus, les voitures qui desservent les gares, etc... Elles seront mentionnées au chapitre des voitures publiques à itinéraire variable et à celui des voitures publiques à itinéraire fixe. Enfin celles qui nous occupent ici seront divisées en voitures : 1° à deux roues; 2° à quatre roues.

Voitures a deux roues affectées au transport des marchandises. — Parmi celles-ci, figurent, la *brouette*, le *diable*, la *charrette à bras*, le *binard* et le *haquet à bras*. Nous avons signalé la plupart de ces véhicules au chapitre II. Quelques-uns se font en plus grand pour y atteler des chevaux.

Le grand *binard* qui sert au transport de la pierre de taille porte un plancher mobile, roulant ou glissant sur le plancher fixe par l'intermédiaire de rouleaux ou bien de rails ; en inclinant ce véhicule et en se servant d'un treuil pour charger ou régler la descente, la manœuvre devient très facile.

Un triqueballe en Égypte.

Le grand *haquet* sert, comme le petit, au transport des pièces de vin ; les limons sont articulés avec les brancards, de façon à pouvoir s'incliner sur l'arrière sans avoir besoin de dételer.

Le *triqueballe* sert au transport des pièces de bois, ou des pierres de taille ; il se compose d'une flèche, long limon se prolongeant jusqu'à l'essieu portant deux grandes roues ; la charge est attachée sous l'essieu par des chaînes : le centre de gravité de cette voiture se trouvant plus bas que les moyeux, la stabilité n'en est que plus grande.

Le *fardier* sert à transporter les grandes charpentes. Les roues ont au moins 2 mètres de diamètre et ses deux limons (fortes pièces de bois formant le bâti du véhicule) servent d'un bout à atteler le cheval de limon ; du côté opposé les limons se prolongent bien au delà de l'essieu, lequel peut se déplacer pour être rapproché du centre de gravité des pièces de bois à transporter. Dans le *chariot* les limons sont reliés entre eux par de fortes traverses ; un treuil (cylindre de bois tournant sur son axe) placé à l'avant, sert au chargement et au déchargement.

Le *tombereau* (son nom vient de ce qu'il fait tomber la charge) se compose d'une caisse évasée dans les deux sens, à panneaux pleins portés sur deux grandes roues. Il est disposé à se renverser en arrière pour décharger sans dételer le cheval ; pour cela, les limons assemblés entre eux par une traverse, sont articulés à la caisse. On en fait aussi à ressorts.

Dans la *charrette*, le plancher est plein. Les limons se terminent en brancards ; les côtés sont formés par un treillis de bois nommé *ridelle*. Les charrettes destinées au transport des fourrages portent à l'avant et à l'arrière deux échelles inclinées de la largeur de la voiture ; en Amérique, d'immenses châssis remplacent ces échelles. Les charrettes, celles qu'on emploie au commerce : transport des légumes, fruits, linge, etc., sont couvertes d'une bâche reposant sur des cerceaux ou munies d'un pavillon avec des rideaux sur les côtés.

Mentionnons parmi les véhicules spéciaux : les voitures d'arrosage, les balayeuses, les voitures de bains, de pompes à incendie, et certains véhicules employés pour l'agriculture.

Voitures a quatre roues affectées au transport des marchan-

Voiture américaine à fourrage.

DISES. — Elles ont toutes, sauf le *camion*, des roues sensiblement plus grandes à l'arrière-train que sur le devant.

Le *chariot* diffère de la charrette décrite ci-dessus en ce qu'il a quatre roues et que sa caisse est suspendue par des ressorts. Le *char funèbre* ou *corbillard* est un chariot.

La *tapissière* est également montée sur des ressorts. Elle est le plus souvent couverte d'un pavillon monté sur des ferrures, avec des rideaux mobiles. On peut faire entrer dans ce genre la *voiture de déménagements* sous laquelle est suspendue au moyen de chaînes une caisse nommée *civière* où l'on met les objets fragiles.

Le *fourgon* est une tapissière dont les rideaux sont remplacés par des panneaux, et dont l'intérieur se trouve ainsi transformé en une caisse complètement fermée. Les portes sont généralement situées derrière. Le devant se fait à *capucine* (sorte d'auvent pour abriter le conducteur) ou à capote mobile.

Le *camion* est monté sur petites roues presque égales et de robustes ressorts; sa proximité du sol n'a d'autre avantage que la facilité du chargement. Ce véhicule porte généralement un treuil à l'arrière et des trous pour y adopter au besoin des ridelles.

Comme voitures spéciales, citons : les voitures pour le service de l'armée, pour le transport des goudrons, des engrais, des vidanges, la *roulotte* du saltimbanque, les voitures réclames, etc...

Voitures a deux roues affectées au transport des personnes. — D'après M. B. Thomas (*Guide du carrossier*) dans toute bonne voiture à deux roues la caisse doit être montée le plus bas possible, et le centre de gravité placé un peu derrière l'essieu afin que la sousventrière tende à soulever légèrement le cheval; les brancards doivent être articulés pour éviter le vannage (balancement causé par le trot du cheval), celui-ci doit tirer par les traits sur un palonnier à ressort pour éviter le mouvement en lacet; enfin les brancards doivent être libres dans leurs bracelets (anneaux de cuir qui soutiennent les brancards).

La *charrette anglaise* se fait à deux et à quatre places; le siège est à coulisse pour permettre de bien répartir la charge de

la voiture; un panneau, situé derrière peut se rabattre à moitié
et est retenu par deux chaînes; deux ressorts sont reliés à la caisse
par deux supports courbes; les brancards sont articulés.

Le *tilbury* est ordinairement muni d'une capote; on y attelle
un grand cheval. Les ressorts sont à peu près disposés comme
dans la charrette; les brancards sont reliés à l'arrière par une

Charrette anglaise.

traverse, le siège est à rotonde, c'est-à-dire à coins arrondis, il est
monté sur un coffre. Le *tilbury à télégraphe* est ainsi nommé à
cause du montage spécial qui porte ce nom et consiste dans une
combinaison de grands et de petits ressorts; cette voiture ne possède ni coffre ni capote. On fait aussi des tilburys avec porte en
cuir tendu se rattachant sur les genoux et tenant lieu de tablier.
Le *stanhope* est un grand tilbury sans capote dont la caisse est à
balustres au lieu d'être pleine.

Le *dog-cart* est une voiture de chasse dont la caisse est disposée pour loger les chiens sous le siège; la caisse, aérée par des persiennes sur le côté, a la forme d'un trapèze dont la grande base est inférieure. Le dog-cart est à quatre places; les deux banquettes sont juxtaposées de sorte qu'on y est placé dos à dos. Le montage est semblable à celui de la charrette.

Tilbury.

Le *cab* ou *hansom-cab* est une voiture à deux grandes roues portant une caisse entièrement couverte pouvant se fermer devant par une porte inclinée à deux vantaux et par des carreaux à développement. Le cocher est placé derrière, en haut de la caisse, et remarquablement situé pour maintenir son cheval. Le maître a l'avantage de voir devant lui autre chose que le siège. Cette voiture fort pratique et dont on obtient une assez grande vitesse à cause de la hauteur de ses roues est très commune en Angleterre; on se demande pourquoi elle est si rare en France.

Charrette à deux places.

Avant de parler des voitures à quatre roues, on peut mentionner ici les *voitures de malades* et les *voitures d'enfants* qui parfois en ont trois. Elles se composent d'un siège monté sur ressort, d'une capote à compas (armature qui se ferme comme les branches d'un compas) et d'un tablier. Dans les voitures de malade, la roue d'avant est directrice et cette direction commandée par une tringle à poignée. Dans celles d'enfant, la roue d'avant est fixe et pour tourner on la soulève en appuyant sur l'arrière. On fait aussi pour les enfants, des promenoirs plus ou moins ingénieux.

VOITURES A QUATRE ROUES AFFECTÉES AU TRANSPORT DES PERSONNES. — Ces voitures sont à simple ou à double suspension. Celles du premier genre sont ordinairement montées sur quatre ressorts dits *pincettes*, quant aux voitures à double suspension, elles ont leurs deux trains reliés solidement par une longue pièce nommée *flèche* et sont à huit ou à douze ressorts.

La charrette et le dog-cart se font aussi à quatre roues. Le *char-à-bancs* est une voiture découverte à deux sièges parallèles et écartés; les voyageurs sont donc placés les uns derrière les autres. On accède au siège de derrière en passant par-dessus le siège de devant. C'est le roi Louis Philippe qui mit à la mode cette voiture de famille; il en fit construire une pour promener ses enfants à la campagne et en offrit une copie à la reine Victoria qui avait été charmée des douceurs de ce véhicule.

Le *break* diffère du char à bancs en ce que les sièges font saillie au-dessus des roues. Les grands *breaks de chasse* ou *de dressage* ont tous leurs sièges parallèles et des portes latérales situées entre les roues; un siège à deux places pour les domestiques est situé à l'arrière et surélevé.

La charrette et le char-à-bancs peuvent recevoir un toit ou pavillon supporté par des montants et muni ou non de rideaux; ils forment ainsi une tapissière. Le break ainsi couvert prend le nom de *wagonnette*.

L'*omnibus* est une voiture fermée sur les côtés par des carreaux mobiles, à l'arrière par une porte; les sièges sont en long comme dans le break.

Break.

Le *phaéton* a un siège à rotonde et un coffre avec siège derrière; on entre dans la voiture en mettant le pied sur le moyeu; il faut donc monter rapidement de crainte que le cheval n'avance, ce qu'il manque rarement de faire lorsqu'il sent que la voiture se charge. On construit aussi des phaétons à marchepied et à portes, tantôt latérales, tantôt placées derrière. Le *phaéton américain* possède une double capote recouvrant les deux sièges; cette capote, malgré sa longueur, peut se rabattre.

Le *duc* est monté plus bas que le phaéton; l'entrée se fait entre les roues qui sont très écartées, il y a toujours un siège derrière pour le valet de pied. La caisse se fait à panneaux, à balustres ou en osier; dans ce dernier cas, la voiture prend le nom de *panier;* elle est parfois recouverte d'une ombrelle. Le duc peut avoir un strapontin; il se fait aussi à capote.

La *victoria* est un duc avec siège de devant fixe en fer et avec ou sans siège derrière.

Le *duc-victoria* est la même voiture avec le siège de devant mobile. En laissant le siège, on a la victoria; en l'enlevant, on a le duc.

Le *mylord* est une victoria dont le siège de fer est remplacé par un siège en bois faisant partie de la caisse; cette voiture qui est très répandue est toujours à capote et souvent à strapontin.

Le *vis-à-vis* possède quatre grandes places intérieures et se fait avec ou sans portières, à tablier ou à capote. Cette voiture ressemble beaucoup à l'ancienne *calèche.*

Le *landau* est fort pratique car il sert à la fois de voiture découverte et de voiture fermée. Il a deux capotes qui se ferment d'aplomb avec une réserve pour les glaces de portes qui permettent de voir clair à l'intérieur lorsqu'on les relève. Le *landau à cinq glaces* n'a qu'une capote de derrière; celle de devant est remplacée par trois glaces qui au besoin peuvent disparaître avec leurs montants dans la voiture et laisser ainsi le landau complètement découvert. On construit aussi des *landaus à sept glaces.* Le *landaulet* est un petit landau à deux places; le *landaulet trois quarts* à quatre petites places.

Le *coupé* est une voiture fermée. Son nom lui vient de ce que la caisse de la voiture est coupée à fleur de la porte avec un angle rentrant sous le siège; c'est une des voitures les plus répandues.

Le *coupé trois-quarts*, ou grand coupé, a quatre places intérieu-

Buggy.

res, le devant a trois glaces, ou parfois une seule glace cintrée; on a alors le *coupé circulaire*.

Le *buggy*, voiture légère employée le plus fréquemment en Amérique, possède quatre roues, extrêmement fines et cependant très solides. Elles sont faites d'un bois spécial, introuvable en Europe et dont la densité ainsi que la résistance permettent la plus grande solidité malgré l'aspect un peu grêle des jantes et des rayons. Les deux roues d'avant sont d'un diamètre un peu inférieur à celui des roues d'arrière et très rapprochées de l'arrière-train, ce qui a le désavantage de rendre difficile les virages un peu courts. Le buggy possède ordinairement deux sièges parallèles, chacun pour deux personnes. Une capote légère ajoutée sur les côtés garantit tant bien que mal de la pluie et de soleil. La caisse est supportée par des ressorts assez semblables de forme à ceux des phaétons ordinaires.

Quelques buggys, plus fragiles, ont leur système de suspension composé seulement d'une longue planche flexible, au milieu de laquelle la caisse est rivée. Les deux extrémités de la planche sont attachées aux deux trains.

Le *mail coach* a sa caisse située entre deux énormes coffres surmontés de sièges comme la caisse elle-même. Des marchepieds commodément espacés facilitent l'accès de ces sièges d'où l'on a l'agrément de dominer les alentours.

Comme ces lourdes voitures tiennent beaucoup de place sur les routes, ce qui ne les empêche d'aller grand train, une des personnes situées sur un des sièges, prévient aux tournants des chemins les voitures venant en sens inverse, à l'aide d'une trompette en forme de tuba, dite *trompe de mail*.

Le mail-coach est surtout en usage dans la Grande-Bretagne où les moyens de transport ont toujours été l'objet de soins particuliers et de perfectionnements dont l'Europe et l'Amérique ont bientôt profité.

La Russie possède des véhicules qui diffèrent pour la plupart de ceux que nous venons de mentionner. Cela tient à la nature de ses voies de communication, qui se couvrant en hiver, d'une neige épaisse et durcie, nécessitent l'emploi des traîneaux. On voit en Russie des traîneaux aussi élégants que commodes et dont l'attelage n'est pas le moindre ornement.

Le *petit traîneau* découvert est à deux places situées plus bas que le siège du cocher. Les trois places sont couvertes de fourrure. Ce

Mail coach.

traîneau s'attelle soit à deux chevaux, soit en *troïka*, c'est-à-dire à trois chevaux dont l'animal de milieu est habituellement plus grand que les deux autres.

La *kibitka* est un traîneau très profond, couvert d'une ample capote, de façon à garantir du chasse-neige. C'est une voiture d'utilité et non de luxe.

Le *tarentasse* est une voiture de campagne à deux places et à deux chevaux ressemblant à notre victoria. Comme le coupé, qui, en Russie est un peu plus spacieux qu'en France, le tarentasse, voiture d'été, peut être muni en hiver de patins sur lesquels les roues sont immobilisées.

Le *drojki* est une voiture d'été à deux places. En ville, la plupart des voitures de places, conduites par les *iswotschikis* (cochers) sont des drojkis. Le *petit drojki* est une voiture d'utilité à une seule place qui sert principalement aux propriétaires ruraux pour aller visiter les travaux agricoles.

Enfin la *périkladnoé* est un véhicule rudimentaire dont la caisse ressemble, en moins large, à celle de notre tombereau. Elle ne contient pas de banquettes, mais une simple botte de paille recouverte de peaux de moutons. Cette voiture sert aux *moujiks* (paysans) pour se rendre aux foires et aux marchés, aux soldats en congé regagnant leur foyer, etc.

En Norwège on a des *carrioles* à caisse très étroite, en forme de nacelle et suspendue sur deux ressorts; le voyageur a les jambes allongées; derrière se trouve un petit siège pour le domestique.

En Espagne, la voiture du paysan se nomme *tarentane*. C'est une charrette qui au lieu de ridelles porte des cerceaux recouverts d'une toile de sparte (la sparte est un jonc très répandu dans les régions marécageuses de l'Espagne. On sait qu'en France il existe des fabriques de tapis dits *sparterie*, fabriqués avec cette plante). Le conducteur de tarentane s'assied de côté, les jambes pendantes, sur l'un des brancards.

En Hollande, on voit encore dans certaines provinces, des voitures dont la caisse, de forme Louis XV, est suspendue par des courroies. Deux sortes de petits treuils situés à l'arrière de la voiture, munis de roues dentées que retient un cliquet, permettent de tendre les courroies lorsque celles-ci donnent trop de jeu à la caisse de voiture. A côté de ces véhicules primitifs, les Hollandais ont

Phaéton.

plus communément des charrettes surmontées de cerceaux couverts d'une toile très blanche.

En Amérique, on appelle *sulky* la voiture de course qu'on attelle à des trotteurs. Elle se compose de deux grandes roues, de deux brancards et d'un petit siège d'acier. Cette voiture, quoique très flexible, n'a point de ressorts. On en fait qui pèsent moins de 25 kilos.

Dans les villages de l'Asie Mineure, on voit encore des voitures
de forme primitive, qu'on appelle *kanis*. Ces voitures sont à
deux roues, massives, et traînées par une paire de buffles ou de
bœufs. Le timon des kanis est terminé par un joug en bois plein

Drojki.

de chaque côté duquel on passe la tête de l'animal, qui se trouve
ainsi emprisonnée dans une sorte de cangue ou carcan. On as-
sujettit cette pièce de bois à l'aide de chevilles.

Dans les descentes, tout le poids de la voiture porte sur le cou
des animaux, ce qui les blesse inévitablement. Les essieux des
roues ne sont jamais graissés, de sorte qu'à chaque tour il se
produit un grincement rythmé et très sensible, ce qui permet aux
paysans de distinguer la musique particulière à chaque véhicule.

Terminons la série des voitures employées hors de France par la description d'une voiture coloniale, du pousse-pousse, telle que nous la donne M. Philaire dans *La Nature*.

Le pousse-pousse est originaire de Pondichéry. Là aussi il s'est perfectionné et est devenu une élégante voiture à quatre roues.

La caisse, en tôle, est supportée par deux ressorts; à l'avant elle s'appuie sur un ressort transversal reposant sur une barre

Tarentasse.

de fer qui relie les deux essieux. Cette barre, soudée à l'essieu de derrière, vient se fixer à l'essieu de devant, de façon que celui-ci puisse tourner librement. La caisse du véhicule porte quatre montants en fer destinés à recevoir une double toiture en bois; en outre un gouvernail relié par des boulons à l'essieu antérieur, se recourbe dans l'intérieur de la voiture, et vient se terminer par une poignée à portée de la main du conducteur. Enfin, derrière la caisse est fixée une barre horizontale en bois sur laquelle s'appuient les pousseurs pour mettre le véhicule en mouvement. Les pousse-pousse, peints de couleurs vives, sont artistement bariolés. Des rideaux de vétiver se déroulent de la voiture et préservent des rayons brûlants du soleil. De moelleux coussins amortissent les cahots, enfin des marchepieds en facilitent l'ascension. Pour ne pas intercepter l'air, on a remplacé la double toiture par une double capote en toile cirée, articulée, s'ouvrant et se fermant facilement. Le pousse-pousse offre ainsi l'aspect d'une jolie voiture, mais il coûte plus cher et est plus lourd.

Les pousse-pousse sont les fiacres de Pondichéry, ils sont soumis aux mêmes règlements que les autres voitures. Chaque famille, à Pondichéry a son pousse-pousse, et beaucoup d'Indiens en possèdent aussi; l'aspect de ces véhicules n'est pas sans causer un certain étonnement aux étrangers.

Ce genre de locomotion ne s'est pas vite propagé dans les grandes villes de l'Inde anglaise, car celles-ci sont trop riches pour renoncer à l'usage des chevaux, fort en honneur à Madras, par exemple.

Le pousse-pousse s'est embelli de jour en jour. A l'exposition de Calcutta, un industriel de Pondichéry avait exhibé de vrais « huit ressorts » qui ont séduit, dit-on, certains rajahs du nord de l'Inde.

Le pousse-pousse modifié de Pondichéry, et surtout *tiré*, au lieu d'être *poussé*, a circulé avec succès à l'exposition de 1889.

Voiture-réclame.

CHAPITRE VI

LES VOITURES DE VOYAGE POUR LE TRANSPORT
EN COMMUN

Nous avons vu au début du précédent chapitre que les anciens créèrent des formes de voitures correspondant à la nature de tous les êtres et de tous les objets transportables, mais nous ne savons s'ils eurent le désir général d'établir entre eux des relations régulières au moyen de voitures publiques ayant des heures fixes de départ et d'arrivée.

Les historiens nous apprennent que l'Égypte, la Perse, la Grèce et Rome possédèrent des courriers réguliers pour le transport des ordres et des dépêches, mais nul ne fait allusion au transport public des personnes.

En Gaule ces services de courriers étaient déjà organisés lorsque César envahit ce territoire. « Des coureurs étaient placés de distance en distance, dit ce conquérant dans ses *Commentaires*; l'un courait à l'autre de toutes ses forces, le second portait immédiatement le message reçu avec la même vitesse et ainsi de suite jusqu'au dernier. Les nouvelles ou les ordres étaient transmis d'un point à un autre avec une telle rapidité que ce qui fut fait à Genabum (Orléans) fut connu le même jour chez les Arvernes (Auvergnats). »

Au moyen âge les couvents et abbayes avaient des messagers à cheval qui mettaient en communication toutes les corporations religieuses du même ordre. Mais le rôle d'agrandir les relations sociales par des moyens identiques devait être réservé à l'Université de Paris.

Ce corps enseignant obtint l'autorisation d'établir un service de messagers chargés de porter sur des chariots, des lettres, de l'argent, des hardes et d'aller chercher, puis de ramener dans leur famille les étudiants.

Ce service fut distingué en *Grands Messagers* et en *Petits Messagers*. Les premiers étaient recrutés parmi les bourgeois et notables en résidence fixe à Paris, et c'est chez eux que les écoliers déposaient ou retiraient leurs lettres, leur argent, leurs paquets. Les grands messagers étaient en quelque sorte les *correspondants* des écoliers.

Le transport des lettres et paquets était surtout confié aux petits messagers. Par la suite, comme les moyens de transport continuaient à manquer au commerce, les petits messagers entreprirent la conduite de toutes les personnes et de tous les objets, de là le nom de *messageries*.

Les petits messagers étaient recrutés parmi les gens du peuple d'une probité reconnue. Des édits de Philippe-le-Bel (1297), de Louis X (1315), assurèrent à ceux-ci une protection efficace, mais comme le métier était avantageux, le nombre des petits messagers finit par s'accroître à un tel point, qu'en 1478 un arrêté en réduisit le nombre.

Un an après son avènement, Henri III amoindrit dans une

large mesure les privilèges de l'Université « en créant des con-
currents à ses messagers dont elle tirait un revenu de grande
considération ». Le 10 octobre 1575, il autorisa par lettres patentes, l'établissement de coches par terre et par eau pour le transport des voyageurs et de leurs bagages, de Paris à Troyes, à

Messager de l'Université; d'après une ancienne miniature.

Rouen, à Orléans et à Beauvais. Les coches de terre étaient alors
de vastes et lourds carrosses; les coches d'eau, de grands bateaux
distribués en différents compartiments pour les voyageurs et en
un magasin destiné aux marchandises. Ces bateaux descendaient
les fleuves et les remontaient à l'aide de chevaux : nous n'aurons
pas à nous en occuper ici, puisque ce mode de transport relève
de la navigation.

Mais que les coches fussent d'eau ou de terre, leur service était au début, si irrégulier et si défectueux, qu'en 1597, Henri IV, tout en reconnaissant que les coches « ne sont encore et ne peuvent estre establis en la plupart des contrées de notre royaume, mais sont si incommodes que peu de personnes s'en veulent servir » fit établir, en attendant mieux, des postes aux chevaux, des relais où des chevaux étaient *postés* — de là le mot poste, — par toutes les villes, bourgs et bourgades du royaume, la distance entre chaque relais étant néanmoins de 12 à 15 lieues, ce qui représentait une journée de marche. Les chevaux de relais, considérés comme propriété royale, étaient marqués sur la cuisse droite de la lettre H surmontée d'une fleur de lys et sur la cuisse gauche de la lettre initiale du lieu de résidence. Les voyageurs ne pouvaient faire galoper les chevaux sous peine de dix écus d'amende.

En 1601, de nouveaux coches furent mis en service entre Paris et la Champagne (1). Neuf ans plus tard, les messagers de l'Université reçurent des mains du cardinal de Richelieu un coup terrible, et qui diminua singulièrement leur importance. Le cardinal monopolisa le service des postes et relais au profit d'un « général des postes et relais » qui en obtint le privilège, moyennant une redevance fixe à l'État.

En 1623, le détenteur du privilège fit défendre « à toute personne, quelque fût sa qualité, de fournir des chevaux et toutes

---

(1) Durant l'âge où la carrosserie demeura à l'état primitif, c'est à dire jusqu'au premier quart du dix-septième siècle, les voyages se firent surtout à cheval. « Je ne puis souffrir longtemps, dit Montaigne, un coche, un lictière, un bateau, et hais toute aultre voiture que le cheval, et en la ville et aux champs. »

autres sortes de commodités et de voitures, tant aux courriers qu'aux voyageurs étrangers sur peine de cinq cents livres d'amende pour la première fois et de punition exemplaire pour la seconde ». Le général des postes avait sous ses ordres des maîtres de poste auxquels furent adjoints plus tard des surintendants, commissaires et contrôleurs généraux des coches et carrosses publics. Ces fonctionnaires avaient pour mission d'assister à l'arrivée des voitures, d'ouvrir les malles, valises, paquets, de vérifier les livres d'envoi, de donner décharge aux courriers des objets reçus, etc...

Au début du règne de Louis XIV, le service des messageries était organisé, et dix ans après, Paris avait assez de coches de voyage pour desservir quarante-trois villes de France. Ces coches attelés de quatre à six chevaux étaient conduits par des cochers montés en postillons; ils contenaient huit ou dix voyageurs. Ces voitures partaient « quand elles pouvaient » c'est-à-dire lorsque toutes les places étaient retenues.

Paul Lacroix nous apprend qu'on les appelait alors carrosses de voiture, et qu'elles étaient en bois chevillé de fer, à quatre roues et à brancards, longues de sept pieds et larges de cinq. Les voyageurs étaient assis au pourtour, sur les deux sièges du fond, ainsi que sur ceux placés contre les portières. Ces portières ne pouvaient s'ouvrir qu'autant que les sièges étaient relevés; elles n'étaient pas garnies de glaces, comme les berlingots de ville, mais on se garantissait du vent, de la pluie et de la poussière, avec des rideaux de cuir. On surchargeait tellement de bagages, de malles et de portemanteaux le dessus des carrosses de voiture, qu'il ne fallait pas moins de huit chevaux pour les faire avancer dans les mauvais chemins.

Le poète Sarrasin fait allusion à ces véhicules en vers peu enthousiastes :

> Sur deux ais ensemble cloués
> Qui de soupentes ont la forme,
> Qu'on s'imagine un coffre énorme
> Dont deux des côtés sont troués.
> D'une peau noire et grimacière
> Le dehors en est tapissé ;
> Le dedans l'est de drap percé
> De vers par mainte fourmilière.
> A chacun des côtés haussés,
> Deux cuirs y servent de portière ;
> De deux grands paniers défoncés
> Sont garnis devant et derrière.
> Et par deux manants houspillés
> Huit vieux chevaux estropiés
> A figure mélancolique,
> Qui pour squelettes employés,
> Au cabinet anatomique
> Devraient plutôt être envoyés,
> Tirent à pas multipliés
> Cette voiture léthargique.

Il n'y a donc pas lieu de s'étonner si, au milieu du dix-septième siècle, comme on le verra dans le tableau que nous donnons à la fin de ce chapitre, les voitures publiques mettaient 97 heures pour aller de Paris au Havre et 438 heures de Paris à Nice.

En 1663, La Fontaine, en route pour le Limousin, écrivait à sa femme, deux jours après son départ de Paris : « J'ai tout à fait bonne opinion de notre voyage ; nous avons déjà fait trois lieues sans mauvais accident, sinon que l'épée de M. Jeaunart s'est rompue. Présentement nous sommes à Clamart, au-dessous de cette fameuse colline où est situé Meudon; là, nous devons nous rafraîchir deux ou trois jours. »

N'est-ce pas délicieux ?

Hâtons-nous de dire qu'il ne faut pas mettre uniquement sur le

La diligence de Paris à Lyon, époque de Louis XV; d'après Lucotte.

compte des pesantes voitures et « des vieux chevaux estropiés à figure mélancolique » l'infériorité des moyens de transport à cette époque. Le mauvais état des voies de communications était pour quelque chose dans la lenteur des parcours.

Élie Berthet nous a laissé de celles-ci un édifiant tableau :

« Vers le milieu du dix-septième siècle, les routes, même aux approches de la capitale, étaient si mal entretenues et si peu sûres que l'on ne doit rien trouver d'extraordinaire dans cette tradition parvenue jusqu'à nous, qu'avant de partir de Lyon pour Paris, on croyait devoir faire son testament. Rien ne ressemblait moins en effet à nos routes royales que les chemins qui étaient alors décorés de ce nom. Livrés à l'insouciance des habitants des pays qu'ils traversaient, et aux dégradations égoïstes des voyageurs, ils n'étaient souvent ni plus larges ni plus commodes que certains chemins de petite vicinalité qui, de nos jours, sont abandonnés à l'avare parcimonie des conseils municipaux. La plupart n'étaient point pavés, et les ornières et la boue les rendaient presque impraticables dans la mauvaise saison ; les rivières se passaient à gué d'ordinaire, malgré les inondations ; on traversait les fleuves dans des bacs, qui ne présentaient pas toujours la sécurité convenable ; enfin, les auberges étaient rares et mauvaises, et les grappes de pendus qu'on rencontrait à chaque pas sur le bord de la route étaient d'énergiques avertissements des attaques auxquelles on devait s'attendre d'un moment à l'autre. On comprend, d'après ce rapide aperçu, qu'il n'y avait réellement ni faiblesse ni poltronnerie à nos pères de mettre ordre à leurs affaires avant d'entreprendre une excursion de cent lieues, à travers tant de hasards et de dangers. »

Mettons qu'il y ait un peu d'exagération dans ce tableau, — on ne saurait refuser à un romancier-feuilletonniste la liberté d'y mettre quelques « grappes de pendus », — le fond n'en reste pas moins vrai, et l'on verra notamment que l'attaque à main armée qui eut lieu sur la diligence de Lyon en 1721, — nous en parlons ci-dessous — vient presque à l'appui de ses paroles.

En 1664, on vit circuler les premières chaises de poste à deux
personnes, « pour les gens pressés ». Ces voitures, appelées aussi
chaises roulantes, étaient à deux roues et assez rapides, mais ce
mode de voyage, qui surmenait des chevaux peu entraînés à la
course, occasionna de telles pertes dans la cavalerie, qu'en 1680,
Louvois obtint un arrêt du conseil, interdisant « de courir la poste
à deux dans une même chaise, sous peine de confiscation de la
voiture et de 300 livres d'amende payables sur-le-champ ».

Vers la fin du règne de Louis XIV, le carrosse de Bordeaux à
Paris, celui de Bourges à Paris, de Dijon à Auxerre, la voiture
des messageries d'Angoulême, d'autres encore, furent dévalisés.
Dans l'attaque de la voiture d'Angoulême, le conducteur et un
voyageur furent assassinés. Enfin nous donnons copie d'une
plainte, qui sous la Régence, fut déposée devant le lieutenant criminel :

« Plainte rendue par devant le lieutenant général criminel au
bailliage de Saulieu, le vingt-sixième jour d'avril 1721, au réqui-
sitoire d'Estienne Sansonnet, cocher des diligences de Paris à
Lyon, par le sieur de Chavane, gendarme de la garde du Roy ;
le sieur Viot-Chatard, marchand à Tours, le sieur Perseville,
ancien chevaux-légers de la garde du Roy demeurant à Paris, la
dame Levesque de Lyon, le sieur Pougolle, marchand de la ville
d'Amiens et le sieur Buchicherre, aussi marchand de ladite ville
de Lyon, contenant qu'étant dans le carrosse de la diligence, ils
auraient été arrêtés ledit jour 26 avril 1721 environ le midi dans
le bois d'Empoignepain, autrement la Grurie, distante dudit Saulieu
d'environ quatre à cinq lieues, par six voleurs à cheval, masqués

par des bonnets à batteaux qu'ils avaient percés aux endroits des yeux, du nez et de la bouche, deux desquels voleurs auroient arrêté ledit Sansonnet, cocher, Guillaume, postillon, et Ginodin, huitième de la diligence; deux autres se seroient masqués aux portières de ladite diligence, et les deux autres derrière postés, qui auroient fait arrêter le carrosse et descendre les ci-devant nommés, lesquels ils auroient fait asseoir en haie, les auroient fouillés les uns après les autres, et leur auroient pris; sçavoir :

« Audit sieur de Chavane, trente-huit louis d'or de Noailles, sept pièces de quatre pistoles d'Espagne, environ dix écus en pièces de quarante sols, deux écus de sept livres dix sols chacun, un écu de la reine Anne d'Angleterre, une médaille représentant Monseigneur l'Électeur de Bavière dans le temps qu'il était vice-roi des Pays-Bas, deux montres d'or à doubles boëtes aussi d'or à répétition, d'Angleterre, dont l'une est garnie de deux diamants, et une épée d'argent avec la dragonne d'or ;

« Audit sieur Viot, 12.800 livres, etc., etc.

« Ensuite de quoi trois desdits voleurs qui étaient à pied pendant que deux autres tenoient ledit Sansonnet, cocher et ledit postillon à cheval, et un autre encore à cheval éloigné d'environ quinze pas tenant les chevaux des trois à pied, ont coupé les cordes du magasin, et ont tiré quantité de sacs d'or et d'argent qu'ils avaient pris et mis dans des sacs, saccoches, porte-manteaux, manteaux, poches et fonds de pistolet, et qu'ensuite ils étaient montés sur leurs chevaux, ayant déclaré ledit Sansonnet, cocher, que le voleur qui l'avoit arrêté était monté sur un cheval rouge à courte queue.

« Qu'il leur avoit remontré qu'ils les laissoient sans aucuns sols pour faire leur voyage ; qu'ils auroient rompu un sac d'argent dont ils en auroient jetté environ quarante écus en deux paquets... »

Les aventures de ce genre ralentirent sans doute le goût des voyages, car vers cette époque les fermiers des voitures et messageries, prétendirent qu'ils seraient hors d'état de soutenir leurs entreprises « s'il ne plaisait à sa Majesté de leur permettre de recevoir doresnavant le tiers en sus d'augmentation, tant sur le prix de la conduite des voyageurs et prisonniers que sur celui des marchandises qui sont voiturées par la voye des coches, carrosses et messageries ». Une augmentation d'un quart seulement, fut consentie par le roi, et pour la durée de sept mois.

Ainsi l'industrie des transports demeurait moins que florissante malgré de réels progrès accomplis au point de vue de la vitesse, progrès relatifs, cela va sans dire. Qu'on en juge plutôt par les lignes suivantes, empruntées à M. de Foville.

« Sous Louis XV, ce n'était plus en carrosse, mais en coche qu'on voyageait. Le coche qui allait de Paris à Lyon se composait d'une caisse de voiture, éclairée sur chaque face par trois espèces de meurtrières, et suspendue, à l'aide de soupentes, sur un train qui portait à l'avant le cocher, à l'arrière les bagages. Douze personnes s'entassaient bon gré, mal gré, dans cette boîte, et fouette cocher ! Cinq jours en été, six jours en hiver suffisaient désormais, grâce aux travaux de voirie établis par Colbert, pour arriver de Paris à Lyon (125 lieues). Cela faisait, dans la belle saison, 25 lieues par jour. Le trajet de Paris à Rouen (32 lieues) se faisait en trente-six heures. Pour aller de Paris à Strasbourg

(117 lieues), on mettait trois jours de plus que pour traverser aujourd'hui l'océan Atlantique! »

Voici d'après l'*Indicateur fidèle* ou *Guide des voyageurs pour 1764* le détail de ce laborieux voyage. Le carrosse de Strasbourg partait de la rue Jean-Robert le samedi, à 6 heures du matin : on allait dîner vers midi à Ville-Parisis, et coucher à Meaux. Le dimanche, dîner à La Ferté-sous-Jouarre et coucher à Château-Thierry. Le lundi, dîner à Dornans et coucher à Épernay. Le mardi, dîner à Jalons et coucher à Châlons. Le mercredi, dîner à Pagny et coucher à Vitry-le-François. Le jeudi, dîner à Saint-Dizier et coucher à Bar-le-Duc. Le vendredi, dîner à Saint-Aubin et coucher à Void. Le samedi, dîner à Toul et coucher à Nancy. Le second dimanche, dîner à Lunéville et coucher à Herbéviller. Le lundi, dîner à Héming et coucher à Sarrebourg. Le mardi, dîner à Saverne et coucher à Wiversheim. On aurait pu arriver à Strasbourg le mardi soir; mais la fermeture des portes ne permettait d'entrer dans la ville que le mercredi matin.

L'écrivain allemand Grimm, le correspondant de Diderot, qui voyagea en France en 1773, nous a laissé la description suivante du coche qui faisait alors le trajet de Strasbourg à Paris.

« Le moyen le plus économique de voyager est le coche ordinaire qui part une fois par semaine, le vendredi, pour Paris. Cependant, bien que ce coche soit pourvu d'une caisse suspendue à des chaînes comme d'autres véhicules, qu'il soit rembourré à l'intérieur, et réellement bien meilleur que la voiture de poste allemande, il n'en est pas moins un misérable véhicule. Il est de forme ovale, surmonté par devant et par derrière d'un grand réceptacle en osier tressé, de manière qu'on ne peut apercevoir la caisse que par les côtés. Tout cela n'aurait pas cependant grande importance pour le voyageur; mais comme le coche est bon marché, toute espèce de gens s'y rassemblent. L'on s'y rencontre avec des individus dont, ailleurs, on ne supporterait pas la compagnie pendant un quart d'heure seulement, à plus forte raison pendant des journées entières. Gens de bon ton, mendiants, moines, artistes, femmes de chambre, domestiques, tout prend place dans cette arche de Noé. Comme celle-ci peut contenir huit à dix personnes, assises dans une ellipse, et qu'en raison de la quantité des bagages elle est très lourde, il faut souvent l'atteler de huit chevaux, qui ne peuvent néanmoins faire plus de six lieues par jour. On reste donc onze jours entiers pour aller à Paris. »

Sous Louis XVI, les transports publics firent quelques progrès grâce à la création des services de diligences, voitures que l'on nomma par dérision *turgotines*, du nom abhorré de Turgot. Ce qui indisposait le public vis-à-vis le nouveau contrôleur général des finances, n'était pas, on le pense, l'établissement de voitures plus légères, commodes et mieux suspendues, mais bien la réunion au domaine royal de toutes les entreprises de messageries.

En effet, un arrêt du Conseil fit défense aux rouliers comme à tout possesseur de chevaux et voitures, de transporter marchandises ou voyageurs sur les routes où le service des messageries était établi et fait régulièrement.

Ce monopole de l'État souleva les plus vives protestations.

« A cette époque, le nombre des places dans les diligences n'était pas, dit M. Belloc dans son consciencieux ouvrage *Les Postes françaises*, toujours en rapport avec celui des voyageurs. D'un autre côté, les voyageurs ayant à parcourir un court trajet étaient sacrifiés à ceux qui allaient plus loin. Certaines personnes se trouvaient aussi, parfois, dans la nécessité de se mettre en route un des jours où la diligence ne marchait pas. Comment sortir alors d'embarras? On se mettait à la recherche d'une voiture, d'une carriole, d'une charrette, et quand on l'avait trouvée à prix d'argent, bien entendu, il fallait alors se rendre au bureau des messageries le plus rapproché et se faire délivrer, à beaux deniers comptant, le *permis réglementaire*. Sans permis, pas de sécurité. Les commis pouvaient, en effet, rencontrer le conducteur, dresser procès-verbal et mettre l'équipage en fourrière, sans préjudice de l'amende.

Le fait se produisait fréquemment et quelquefois dans des conditions révoltantes.

Un paysan rencontrait-il sur sa route un malheureux, un infirme, une femme inspirant la pitié? Il avait peine à résister au penchant naturel d'obliger son prochain et, au risque d'être surpris en contravention, il offrait une place dans son véhicule.

Les charretiers à gages y regardaient encore de moins près que les maîtres et il n'était pas rare de les voir rentrer à la maison sans voitures, ni chevaux, car l'administration des messageries usait de ses droits sans aucun ménagement. »

La réforme causée par Turgot étant la ruine de toutes les petites entreprises de messageries, on n'épargna pas au personnage les épigrammes. L'une d'elles était ainsi formulée :

> Ministre ivre d'orgueil, tranchant du souverain,
> Toi qui sans t'émouvoir, fais tant de misérables,

Puisse ta poste absurde aller un si grand train,
Qu'elle te mène à tous les diables !

En résumé, l'institution de Turgot sacrifiait l'intérêt de quelques milliers d'individus, mais c'était au profit de l'intérêt public et surtout, cela va sans dire, au profit du Trésor.

Les bureaux des nouvelles diligences furent établis rue Saint-Denis; le service en fut inauguré le 1ᵉʳ avril 1776. Le prix des places pour chaque voyageur « avec dix livres de hardes » était fixé à 13 sols par lieue. Le nombre de places dans chaque voiture était de huit et celui des chevaux pour l'attelage, de six à huit, selon qu'il y avait ou non des suppléments de bagage. On faisait environ 25 lieues par jour et 2 lieues par heure.

Un Allemand qui voyageait en France à l'époque des turgotines, les décrit ainsi :

« Ces voitures sont légères et commodes; elles sont suspendues par des courroies. L'intérieur de la voiture peut contenir huit personnes : trois en arrière, trois en avant et deux contre les parois latérales. Chacun est assis commodément, et, au milieu, il y a toujours assez de place pour qu'on puisse y installer une petite table. On peut aussi y caser aisément les chapeaux, les cannes et les petits paquets. De chaque côté s'ouvrent une grande fenêtre et deux petites; à l'extérieur, par devant, il y a aussi un banc que l'on nomme le cabriolet et où l'on paie moitié prix. Derrière et sur la voiture même, on place de grands paniers avec de la paille, pour les coffres et les portemanteaux (malles et valises). La vitesse des diligences est très grande. Le changement des chevaux ne prend aucun temps; ils attendent tout harnachés

Le *panier*. Fac-similé d'après Rigaud.

devant la poste, et souvent les voyageurs n'ont pas le temps de descendre. Comme on change très fréquemment de chevaux, on va toujours au galop. »

En 1777, on mit en circulation des voitures à six places et des charrettes couvertes pour desservir les environs de Paris. Ces voitures partaient toutes les fois qu'il se présentait un nombre suffisant de voyageurs pour les remplir. Le prix était de 6 sols par lieue dans les voitures et de 4 dans les charrettes.

On ne saurait, dit Paul Lacroix, se faire une idée du nombre de voitures de toute espèce, voitures publiques à prix fixe ou voitures de louage, qui desservaient les environs de Paris, lorsque la Cour résidait à Versailles, à Saint-Germain, à Marly, à Meudon, et que les innombrables châteaux, anciens et modernes, qui existaient alors dans un rayon de trente lieues autour de la capitale, étaient habités par la noblesse et la finance, surtout à l'époque des chasses. Cependant la route de Versailles était interdite aux charrettes, aux fourgons, aux cabriolets, et même aux fiacres vides. Outre cette multitude de véhicules plus ou moins barbares et incommodes, on faisait grand usage de la galiote ou du coche, pour aller à Saint-Cloud tous les jours, et à Fontainebleau quand la cour y était. On payait deux livres dix sols par personne dans le coche royal de Fontainebleau, et seulement cinq sols dans la galiote de Saint-Cloud. Il est impossible d'imaginer la quantité de personnes de toute espèce qui avaient besoin de se transporter chaque jour à Versailles, où la plupart des administrations publiques entretenaient des rapports journaliers avec les ministères et la maison du roi. « Versailles est le pays des chevaux, écrivait Mercier au milieu du règne de Louis XVI; on en voit de toutes parts des troupeaux nombreux. Les écuries des princes rivalisent avec celles du monarque, malgré les réformes, on y voit presque autant de chevaux que d'hommes. »

Cependant les habitués de Versailles ne se souciaient pas de fatiguer leurs propres chevaux (car le luxe des beaux chevaux était général, à l'imitation des modes anglaises), pour faire le trajet de Versailles à Paris. On louait donc des rosses, maigres, efflanquées, qu'on nourrissait de foin exclusivement, et qui, en moins de trois heures, faisaient le voyage de Versailles, aller et retour, avec une heure d'arrêt pour donner au voyageur le temps de visiter les bureaux et de voir le ministre ou les commis. La location de deux de ces chevaux de fatigue, qu'on appelait des *enragés*, ne coûtait que vingt-quatre francs.

Le *Carabas*, sur la route de Versailles.

Mais les voitures les plus en usage sur la route de Versailles étaient le *carabas* et le *pot-de-chambre*. Le carabas se composait d'une longue cage d'osier montée sur soupente, à quatre ou six roues, pouvant renfermer vingt à vingt-quatre personnes, et traînée majestueusement par six chevaux qui ne parvenaient pas sans peine à faire quatre lieues en six heures et demie. Le pot-de-chambre marchait plus vite, quoiqu'il fût fabriqué pour contenir cinq voyageurs et qu'il en admît quelquefois neuf ou dix entassés les uns sur les autres. Cette hideuse voiture était une caisse ouverte par devant, reposant sur deux grandes roues, et offrant deux banquettes mal rembourrées à six victimes, que l'impitoyable cocher y faisait entrer de vive force sans se préoccuper de leur embonpoint plus ou moins formidable. C'étaient les premiers venus qu'on appelait les *singes*; ceux qui venaient ensuite devaient se contenter d'être assis, avec le cocher, sur la banquette de bois qu'on rabattait devant le tablier qui fermait la voiture : on les nommait *lapins*; et tous ces infortunés, qui payaient douze sous par personne le supplice d'être cahotés pendant deux heures sur le pavé du roi, sortaient de là moulus, brisés, glacés ou tout en sueur, selon la saison, blancs de poussière ou couverts d'éclaboussures. Ces abominables voitures avaient pourtant le privilège de rouler sur la route de Versailles à toute heure, et de se croiser sans cesse avec les voitures de la Cour. *Lapins* et *singes*, qui parfois se rendaient, en ce piètre équipage, à l'audience d'un ministre ou d'un premier commis, avaient à subir les railleries et les éclats de rire des laquais et des cochers poudrés, qui les toisaient du haut des carrosses dorés et armoriés. Heureux quand les voyageurs du pot-de-chambre avaient pu échapper à un de ces gros hommes qui prenaient à eux seuls la place de trois personnes!

On racontait qu'un *singe*, aussi malin que le comportait son surnom, avait mis en fuite un corpulent chanoine, en l'effrayant par des grimaces grotesques, et en disant tout haut qu'il n'était pas

Autre spécimen de voiture pour Versailles, à son départ du quai des Tuileries.

encore bien guéri, après avoir été mordu par un chien enragé. Ainsi le pot-de-chambre de Versailles ne le cédait pas en confortable à la carriole de Chantilly, dont le poète Jean-François Grichard faisait cette description prosaïque en 1760 : « Une charrette surmontée de quelques faibles cerceaux pour soutenir un gros drap de toile jaune et une couverture de surcroît, huit tabourets de paille assez mal assurés, et une échelle pour y arriver. »

Pour en revenir aux diligences, nous voyons qu'en 1791 le prix des places par lieue n'était plus que de 12 sols, de 8 sols dans les anciens carrosses et de 4 sols dans les paniers des carrosses ou dans les fourgons. Ces derniers véhicules étaient des sortes de grandes charrettes couvertes où voyageaient les classes pauvres. L'année suivante un grand nombre de nouvelles voitures furent mises en circulation et en 1793 des diligences à quatre roues pouvant transporter à la fois les dépêches, le courrier et quatre voyageurs étaient nommées *grandes malles-postes*. D'autres, dites *petites malles-postes*, établies sur des voies de communication moins importantes, pouvaient contenir en sus du courrier et des dépêches un, deux ou trois voyageurs.

Sous les différentes législatures qui se succédèrent depuis la création de l'Assemblée constituante jusqu'à l'Empire, les services de Messageries eurent leur part dans les troubles que nécessita l'organisation du nouveau régime. La loi du 25 vendémiaire, an III (16 octobre 1794) qui supprimant les privilèges, autorisait tout particulier à conduire ou faire conduire librement les voyageurs et les marchandises « sans être troublé ni inquiété pour quelque motif ou sous prétexte que ce fût » eût été possible, si le gouvernement n'avait laissé subsister, concurremment à toute entreprise particulière, son agence des Messageries nationales.

Or, tout en favorisant la répartition du produit des voyages sur un grand nombre, l'État ne devait pas moins entretenir un personnel onéreux, notamment celui des maîtres de poste qu'il tenait à dédommager de leurs anciens privilèges; il lui fallut pour subvenir à tous ces frais généraux, augmenter les tarifs : c'était s'enfoncer davantage. Sur toutes les routes les messageries particulières avaient organisé des relais indépendants, et tandis que les chevaux de l'État restaient à l'écurie, leurs affaires devenaient florissantes.

Pour se tirer d'affaire, l'État, sous le gouvernement du Direc-

Un derrière de diligence ; d'après une gravure en couleur tirée du *Musée grotesque* (vers 1823).

toire, conçut une idée qu'il n'avait pas eue sous le régime de la Convention : celle d'abandonner totalement aux entreprises particulières le service des Messageries, mais de percevoir le dixième du prix des places dans les voitures de voyage et d'établir une patente sur ces mêmes voitures, cet impôt annuel sur chacune d'elles variant selon le nombre des roues et des places, de 20 à 75 francs.

La régie de l'enregistrement était chargée de cette perception.

« Les messageries sont abandonnées à l'industrie des citoyens, disait le rapporteur de la loi, mais avec les précautions convenables pour assurer le service des routes jusqu'à ce que cette industrie, éclairée par le temps et familiarisée par l'habitude, puisse exploiter toutes les communications sans crainte de les voir interrompues. »

Sous Napoléon Iᵉʳ, une loi de 1805 ayant pour but de rétablir la poste aux chevaux, « dans l'intérêt de l'État et des relations commerciales », ordonna que tout entrepreneur de voitures publiques et de messageries qui ne se servirait pas des chevaux de poste serait tenu de payer par poste et par cheval, pour chacune de ses voitures, vingt-cinq centimes au maître des relais dont il n'emploierait pas les chevaux. Étaient exemptés de cette disposition les loueurs allant à petites journées et avec les mêmes chevaux, les voitures de place allant également avec les mêmes chevaux et les voitures non suspendues.

Peu d'années après (1809) se constituait la Compagnie des *Messageries impériales* dont le siège s'établit rue Notre-Dame des Victoires. Cette importante compagnie eut un semblant de monopole des transports publics sous l'Empire et sous la Restauration; à cette dernière époque elle prit le nom de *Messageries royales*, pour disparaître devant la création des *Messageries générales*, commanditées par MM. Laffitte et Caillard, en 1826.

En 1818 nous voyons les malles-poste, établies sur un modèle remontant à 1791, faire place à des voitures élégantes à quatre places, montées sur ressorts et menées par quatre chevaux. Cette substitution fut faite sur un désir exprimé par Louis XVIII, ainsi que nous le rapporte un administrateur des postes, nommé Gouin :

« Frappée des inconvénients toujours renaissants de la construction vicieuse des malles en 1791, l'administration des postes dont M. de Mézy était directeur général s'occupa avec lui, en 1818, du soin de faire construire d'autres malles. Une considération de

Diligence des *Messageries générales* (Laffitte, Caillard et Cⁱᵉ), d'après une lithographie coloriée de Raffet.

la plus haute importance les y engagea : c'était le désir de remplir les intentions du roi à cet égard.

S. M., à son retour en France, avait aperçu sur la route de Calais la malle du courrier, et, la comparant aux malles-poste d'Angleterre, elle fut frappée du mauvais goût qui avait présidé à sa construction, et parut désirer qu'elle fût changée. Ce fut un ordre pour M. de Mézy qui s'empressa de faire faire le dessin d'un nouveau modèle de malle, et le présenta au Roi, qui daigna l'approuver.

Lorsque la première malle fut exécutée, S. M. permit qu'on la lui fît voir à son relais de Bezons, au retour de sa promenade. Sa Majesté en témoigna sa satisfaction, en ajoutant qu'elle la trouvait de meilleur goût que les malles anglaises : et surtout plus commode pour les voyageurs. »

Sous Charles X une ordonnance royale du 16 juillet 1828 fixa les dimensions et le mode de construction des nouvelles diligences capables de transporter un assez grand nombre de voyageurs. On en fit d'abord à 21 places, mais leur poids énorme les fit abandonner pour un modèle à 16 places. Ces voitures étaient jaunes et divisées en trois compartiments (coupé, intérieur et rotonde). Le coupé contenait trois places, l'intérieur, six, et la rotonde, quatre, l'impériale était munie d'une banquette à trois places.

La caisse du véhicule reposait sur quatre roues qui divisaient toute la machine en deux trains. L'impériale, au sommet de la voiture, munie d'un rideau de cuir, allait en s'évasant, affectant en avant la forme d'une capote de cabriolet, et se terminant par une banquette de bois sur laquelle s'aseyaient le conducteur et, nous l'avons dit, trois voyageurs. Sous la bâche s'empilaient les bagages, au milieu desquels se logeaient les chiens admis seulement sur l'impériale. Le coupé était une place aristocratique où le voyageur jouissait d'une vue plus étendue et redoutait moins qu'ailleurs les tourbillons de poussière que la diligence soulevait et laissait au loin derrière elle. L'intérieur ressemblait assez à la caisse d'une calèche, ses portes s'ouvrant sur le côté. Quant à la rotonde, on y entrait par le derrière de la voiture comme dans les omnibus d'aujourd'hui. Chaque place était numérotée et nul n'avait le droit d'en changer. On allait se faire inscrire à l'avance afin de retenir les angles des compartiments, plus propices au sommeil pendant les parcours de nuit.

La diligence chargée pesait 4.500 kilogrammes, la voiture re-

La cour circulaire des Messageries générales, rue N.-D. des Victoires, en 1840.
D'après une lithographie de Provost.

présentait une moitié de ce poids, les voyageurs et les bagages, l'autre moitié. Malgré cette énorme pesanteur, elle parcourait, à l'heure, de deux lieues à deux lieues et demie. La concurrence fit baisser progressivement les prix qui n'étaient plus que de 45 centimes en 1839.

L'homme important de la diligence, le capitaine au long cours de ce navire branlant qui naufrageait quelquefois, c'était le conducteur. Il annonçait le départ au son de la trompette, fixait le temps consacré aux repas non sans quelque connivence avec les hôteliers, on le disait du moins.

Quoiqu'il en soit, un bon conducteur était chose précieuse. Il devait avoir un caractère ferme et prudent, des connaissances spéciales. Il devait surveiller le chargement de la voiture, veiller à ce que le centre de gravité fut convenablement placé, visiter à chaque relai le harnachement et les roues qui parfois prenaient feu; servir au besoin de cocher et connaître parfaitement la route. Enfin, chose grave, c'était lui qui manœuvrait la mécanique. Une machine aussi lourde qu'une diligence ne descendait pas sans danger les côtes rapides. On modérait la vitesse au moyen d'un appareil compliqué qui emboîtait momentanément le cercle des grandes roues dans une plaque de fer et qu'on nommait par excellence mécanique, cet appareil se composait de sept pièces différentes. Le conducteur du haut de l'impériale, le mettait en mouvement en tournant une vis d'acier. Il lui fallait le manœuvrer délicatement, modérer la pression quand on rencontrait les petits fossés d'écoulement ou caniveaux qui traversent les routes, serrer davantage quand la pente devenait trop rapide. Malgré ces précautions, la diligence culbutait parfois, et cet accident pouvait coûter la vie aux voyageurs.

Le conducteur, semblable au général qui a été battu, avait alors, durant toute sa carrière, une fâcheuse notoriété parmi ses confrères. Mais ces faits étaient rares, et la statistique a constaté que sur 350.000 voyageurs, un seul périssait par accident.

Pourtant on ne commençait pas un long voyage en diligence sans beaucoup d'appréhensions. Parfois, avant d'arrêter sa place, on s'informait du nom du conducteur, on préférait celui-ci à celui-là. Le départ ne s'effectuait pas aussi facilement que par le chemin de fer. Chaque voyageur était inscrit sur une feuille de route contenant son nom et le lieu de sa destination. Il payait des arrhes qu'il perdait faute de se présenter à l'heure dite. (*Dict. universel du dix-neuvième siècle.*)

L'excellence des voitures de la Compagnie des Messageries générales, « les Laffitte et Caillard » comme on disait alors, installées dans l'ancien hôtel de Roquencourt, n'empêchèrent pas une nouvelle venue, la Compagnie des *Diligences françaises*, de subsister. Si l'on consulte d'ailleurs le *Nouvel Itinéraire portatif de France* pour 1828 l'on verra qu'il y avait des *Jumelles*, des *Berlines* pour Lyon, des *Vélocifères* pour Rouen, le Hâvre, Dieppe, des *Hirondelles* pour Montereau et Sens, des *Célérifères* pour Fontainebleau, Nemours, Corbeil, Montargis, des *Gondoles* pour Versailles, des *Accélérées*, ces dernières partant toutes les heures, pour Saint-Germain.

Dans les départements où beaucoup de villes n'avaient de correspondances pour Paris que deux ou trois fois la semaine, c'était bien autre chose, d'autant plus qu'il s'agissait d'entretenir des communications non seulement avec la capitale, mais encore avec les villes environnantes. Outre les diligences et les malles-postes on vit ainsi jusqu'en 1840, des *Messagers*, des *Guimbardes*, des *Courriers*, des *Chars-à-bancs*, des *Fourgons accélérés*, des *Pataches*, des *Carrioles à volonté* et souvent sans prix fixe, des *Voitures commodes*, des *Toulousines*, entreprise qui, de Toulouse, gagna un peu toute la province; des *Guinguettes*, — c'était Soissons, dans l'Aisne, qui avait conservé la spécialité de ce moyen de locomotion, — et même des *Chars de côté*. C'est à Vesoul que l'on employait encore couramment, pour Épinal, Besançon et autres lieux, cette singulière voiture dans laquelle les voyageurs ne pouvaient jamais voir qu'un côté du paysage; voitures sans nom, quelques-unes suspendues, la plupart non suspendues, plusieurs transportant en même temps voyageurs et marchandises. Nombreuses et diverses, également, les entreprises de roulages placées sous les auspices de Mercure à l'insigne de la célérité ou de la fidélité, avec les chariots pour le commerce, avec les coches à marchandises, tandis que les Messageries royales se chargeaient du transport des fonds et du recouvrement des effets.

Cependant un jour vint où l'on apprit que le transport des voyageurs et des marchandises allait se faire par voie ferrée, à l'aide de la vapeur.

Le 25 août 1837 avait lieu l'inauguration du chemin de fer de Paris à Saint-Germain, le premier digne de ce nom, et en 1842, une loi décidait la création d'un vaste réseau ferré, c'est-à-dire d'une série de grandes lignes dont l'exécution fut confiée à un certain nombres de compagnies subventionnées par l'État. « Toutefois ce n'était point encore l'arrêt de mort des diligences, dit M. Grand-Carteret, à qui nous empruntons ces derniers détails. Jusque vers 1858, non seulement celles-ci subsistaient encore sur nombre de points, mais en outre, elles vinrent former en queue de la plupart des convois le train des messageries, montées alors sur un truc, au moyen d'un mécanisme, œuvre de l'ingénieur Arnoux. Les chemins de fer ne desservant que certaines grandes localités, les diligences reprenaient possessions de leurs roues et de leur attelage là où la voie ferrée s'arrêtait. »

C'est ainsi qu'on vit, pendant plusieurs années, des diligences sur rails. Peu à peu la traction à vapeur remplaça partout la traction animée, et reléguées dans les petites villes de province,

Derniers services rendus par les diligences.

les belles diligences d'autrefois servirent de pures correspondances pour les localités éloignées.

Nous nous garderons bien d'en finir avec le chapitre des voitures de voyage destinées au transport en commun sans nommer la dernière de toutes, tant au point de vue du confortable que de sa tardive durée — elle ne disparut tout à fait de la circulation qu'en 1861 ; — cette voiture, encore légendaire, était le *coucou*.

Les coucous, nommés aussi par dérision *pots de chambre* faisaient le service des environs de Paris. Ils avaient, dans la capitale, quatre places de stationnement dont la principale était située le long du Cours la Reine, à l'entrée des Champs-Elysées. De ce point, les coucous rayonnaient dans toute la banlieue Ouest, desservant des villes ou villages tels que Passy, Auteuil, Boulogne, Saint-Cloud, Versailles, Neuilly, Nanterre, Sèvres, Suresnes, etc...

Daniel Ramée, qui les a connus, nous a laissé de ces voitures l'amusante description que voici :

« Ce singulier véhicule se composait d'une boîte variant de couleur depuis le bleu céleste jusqu'au noir le plus intense ou même le plus risqué, ouverte par le devant et garnie de deux banquettes ci-devant rembourrées et sur lesquelles s'entassaient six voyageurs (chiffre minimum). La lumière et l'air pénétraient comme ils le pouvaient par un ou deux carreaux placés sur les côtés. Lorsque le conducteur jugeait le chargement suffisant, on rabattait le tablier de devant, fixé sur un châssis de charpente et recouvert de tôle de fer. Sur ce tablier était assujettie une troisième banquette où prenaient place le cocher et deux voyageurs qu'on appelait *lapins*, à cause de la position originale qu'ils étaient obligés de prendre. Quelquefois même, lorsqu'il y avait affluence de voyageurs, comme les jours de grandes eaux à Versailles ou autres fêtes des environs, deux et quelquefois trois voyageurs, qu'on aurait le droit d'appeler « supplémentaires » grimpaient sur l'impériale ou plutôt sur la toiture du coucou. Ceux-ci, qui prenaient le nom de *singes*, savaient se soustraire aux règlements de police en descendant un peu avant les barrières, pour reprendre leur place un peu plus loin, où le coucou les attendait.

Les soupentes, ressorts et brancards étaient, comme le reste de

la voiture, les descendants, ou pour mieux dire, les dignes repré-
sentants du siècle passé.

Quant au malheureux cheval chargé de la traction de ce véhicule, dont le poids s'élevait jusqu'à l'inconnu, il était généralement
d'une force opposée aux efforts qu'il devait produire. Ayant appartenu à un régiment de cavalerie, qui l'avait mis en réforme, ou

Une station de « coucous » place de la Concorde, près le cours la Reine. D'après Victor Adam.

encore à un carrosse de l'intérieur qu'il n'était plus digne de
traîner, il terminait sa carrière dans les brancards du coucou.
Ironiquement ou lui décernait le nom de Vigoureux.

Le costume, mieux vaut dire l'accoutrement du cocher, complé-
tait ce tableau. Sale, déguenillé et pittoresque en même temps, ce
n'était pour la plupart du temps que la défroque de quelque personnage aisé.

On partait « quand on le pouvait » et c'était là le plus amusant
pour un observateur. Chacun, comprenant ce qu'il en résultait,

attendait que le coucou se remplît. Alors, pour le cocher c'était tout un art, toute une comédie, d'arriver à décider le premier voyageur à prendre place.

La clientèle qui alimentait ces singulières voitures était très variée. On y trouvait des échantillons d'un peu de tout : bourgeois, maraîchers des environs, marchands, militaires en congé, etc.

Le voyage s'effectuait dans les meilleures conditions; le coucou était, pour les environs de Paris, ce qu'était la diligence pour les voyages en province; il faisait aussi la messagerie, la plupart du temps. Alors, il fallait à chaque village, s'arrêter, descendre les bagages, opérer leur livraison. Dans les montées, les voyageurs descendaient pour alléger le coucou que n'aurait pu retenir son moteur; ils remontaient dans les parties planes du parcours et recommençaient le même manège dans les descentes. Malgré le peu de temps que l'on avait à rester dans le coucou, le plus ignorant en ostéologie devenait un maître, car, par les soubresauts, il avait vite appris à connaître le nombre de ses côtes. »

Nous ne saurions mieux terminer ce chapitre, qu'en donnant, d'après M. de Foville, un tableau des vitesses accomplies par les voitures publiques de voyage à différentes époques.

En comparant ce tableau à nos indicateurs de chemins de fer, on peut faire la curieuse remarque que nous mettons aujourd'hui de 25 à 27 fois moins de temps qu'au dix-septième siècle pour nous rendre de Paris à toute autre ville de France, de 12 à 15 fois moins de temps qu'en 1782 et de 5 à 7 fois moins qu'en 1834.

	AU MILIEU DU XVIIe SIÈCLE (carrosses)	EN 1782 (Diligences)	EN 1814 (Malles-poste)	EN 1834 (Malles-poste)
De Paris à :				
Bayonne.	358 heures.	200 heures.	116 heures.	84 heures.
Belfort.	182 —	98 —	59 —	39 —
Besançon.	166 —	92 —	57 —	37 —
Brest.	270 —	175 —	87 —	61 —
Calais.	123 —	60 —	40 —	28 —
Forbach.	171 —	93 —	55 —	38 —
Genève.	245 —	158 —	75 —	48 —
La Rochelle.	227 —	108 —	72 —	41 —
Le Havre.	97 —	52 —	31 —	17 —
Lille.	105 —	42 —	34 —	22 —
Marseille.	359 —	184 —	112 —	80 —
Mézières.	110 —	40 —	34 —	22 —
Montpellier.	356 —	193 —	112 —	77 —
Nantes.	172 —	90 —	58 —	32 —
Nice.	438 —	221 —	140 —	98 —
Strasbourg.	218 —	108 —	70 —	47 —
Toulouse.	330 —	198 —	104 —	70 —

Le coucou, d'après Victor Adam.

CHAPITRE VII

LES VOITURES DE LOUAGE A ITINÉRAIRE VARIABLE

C'est quelques années après l'avènement de Louis XIII, en l'an 1617, que l'usage des véhicules fut facilité dans Paris aux personnes de situation trop modeste pour avoir carrosse, par la création des entreprises de voitures de louage.

On commença par ne mettre en circulation que des chaises à porteur ou à bras dont nous avons précédemment parlé, « pour porter des rues à autres, dit une ordonnance, les personnes qui désireront le faire et se servir de cet usage tant en notre bonne ville de Paris que fauxbourgs d'icelle et autres lieux de ce dit royaume, sans toutefois ôter la liberté à ceux qui en voudront avoir en leurs maisons aussi pour leur usage et de leur famille seulement » (1).

Ce privilège accordé exclusivement aux sieurs Petit, Regnault-Descuville et Drouet, durant une période de dix ans, passa ensuite à un capitaine des mousquetaires du cardinal de Richelieu, le sieur de Cavoy et au marquis de Montbrun qui importa

---

(1) Les chaises roulantes traînées par un ou deux hommes que l'on appelait « tireurs de chaises » (Voir le chap. II) quoique anciennement connues, ne furent mises en service public que l'an 1671.

d'Angleterre le type des chaises à porteur « fermées ». On voit d'ici les agréments que pouvait procurer un voyage en chaise à bras sous un ciel pluvieux, lorsque celles-ci étaient encore découvertes.

Vers cette même époque « un nommé Nicolas Sauvage, facteur du maître des coches d'Amiens, dit Sauval, dans son ouvrage intitulé *Histoire et recherches des antiquités de la ville de Paris*, loua, rue Saint-Martin, vis-à-vis celle de Montmorency, une grande maison appelée, dans quelques anciens papiers, l'*hôtel Saint-Fiacre,* parce qu'à son enseigne était représenté un saint Fiacre qui y est encore.

« Or, cet homme, fort entendu en fait de chevaux et de carrosses de louage, pour les bien ménager et les faire durer longtemps, s'avisa d'un nouveau trafic, qui fut d'entretenir à Paris, des chevaux et des carrosses pour les louer au premier venu. D'abord, il eut bonne pratique, quoiqu'il les louât bien cher, et même, incontinent après, il eut des camarades qui s'établirent en divers quartiers et s'enrichirent. Mais parce qu'il n'y en avait point qui allât de son air, comme ayant quelquefois vingt carrosses et quarante à cinquante chevaux à l'écurie; de plus, parce que d'une maison appelée l'hôtel de Saint-Fiacre, à cause de son enseigne, était venue l'invention de ces sortes de carrosses, non seulement le nom de *fiacre* fut donné aux carrosses de louage et à leurs maîtres, mais aussi aux cochers qui les conduisaient, et même je pense que cette manière de gens a pris saint Fiacre pour patron. »

En 1650, un « camarade » mieux avisé que Sauvage, un bourgeois de Paris, nommé Charles Villerme, obtint moyennant une somme de quinze mille livres versée au trésor royal, le privilège « de fournir *lui seul* dans la ville et fauxbourgs et vicomté de Paris de grandes et petites carrioles de loüage et de traverses attelez un, deux ou trois chevaux, selon le besoin qu'on en aura, à l'instar des carrosses de loüage qui y sont établis, comme aussi de fournir des litières et brancars de loüage, le tout pour la commodité publique et soulagement des Bourgeois, Marchands, Habitants d'icelle et autres, même des personnes anciennes, infirmes et malades, afin de pouvoir vacquer et aller commodément à leurs affaires de commerce, même en leurs maisons des champs et ailleurs. »

Ce privilège n'empêchait pas Louis XIV, en 1657, de permettre au sieur de Givry, l'un de ses écuyers, l'établissement dans les carrefours, lieux publics et commodes de la ville et faubourgs de Paris de « tel nombre de carrosses, calèches et charriots attelez de deux chevaux chacun, qu'il jugera à propos, pour être exposez depuis les sept heures du matin jusqu'à sept heures du soir dans lesdits carrefours, lieux publics et commodes, et être louez à ceux qui en auront besoin, soit par heure, demie-heure, journée, demie-journée ou autrement, à la volonté de ceux qui s'en voudront servir, pour être menez d'un lieu à autre où leurs affaires les appelleront, tant dans la ville et fauxbourgs de Paris qu'à quatre et cinq lieues des environs d'icelle, soit pour les promenades des particuliers, ou pour aller à leurs maisons de la campagne ».

Mais il paraît que l'ex-écuyer de Givry profita du renouvellement de son privilège, en 1664, pour le céder aux frères de Francini, moyennant une pension de quatre mille livres.

Bien lui en prit. Le roi, à cette époque, multiplia tellement les privilèges, qu'un grand nombre de loueurs refusèrent de les reconnaître : Autorisation à Catherine-Henriette de Beauvais, première femme de chambre de la reine-mère, d'établir des voitures de louage pour la suite de la Cour dans les environs de Paris, et plus tard un service de coches, carrosses, carrioles et charrettes allant régulièrement de Paris à Versailles et de Versailles à Saint-Germain; autorisation à Nicolas Picquet, sieur de Sautour, mousquetaire de la compagnie de la garde royale et à sa sœur, Anne Picquet, fille d'honneur de la reine-mère, d'établir dans la ville de Paris telle quantité de calèches qu'ils jugeront nécessaires pour la commodité et utilité publiques; autorisation au marquis de Crenan (1) d'établir des carrosses en tel nombre qu'ils jugeront à propos, aux lieux qu'ils trouveront le plus commodes.

Afin de faire respecter leurs droits, ces propriétaires de privilèges durent, par un arrêt du Parlement interdire « aux loueurs de carrosses de la ville et fauxbourgs de Paris, de mettre à leurs enseignes, ou au-dessus de leurs portes : *carrosses à louer par heure* et de les exposer dans les carrefours, places publiques et dans les rues, à peine de quinze cents livres d'amende ». Ils

(1) Le nom du marquis de Crenan est resté célèbre dans l'histoire des moyens de transport. Cet industriel répandit le premier dans Paris une voiture légère — pour l'époque, — inventée par un sieur Dubois La Grugère et qu'on appela chaise de Crenan. Le corps de cette voiture consistait en un fauteuil où deux personnes pouvaient prendre place; elle était à deux roues et tirée par un seul cheval. La chaise de Crenan n'était en somme qu'une chaise roulante adaptée à la traction animale.

eurent ensuite l'imprudence de vouloir tirer bénéfice de leur situation en autorisant les loueurs à exposer leurs carrosses sur les places, moyennant une redevance de cinq sols par jour et par carrosse.

Bagarre dans la rue; d'après Binet.

Or, il arriva que les loueurs ne firent stationner que le nombre de voitures suffisant pour leur permettre d'amener les clients à leur maison de louage, les faire monter dans des carrosses de réserve tout attelés, et renvoyer aussitôt sur la place les voitures imposées.

Cette manœuvre ne tarda pas à être découverte : le Parlement la réprima, et les loueurs obligés de ne plus conduire à l'heure en furent réduits à n'exposer leurs voitures que sous des remises, de là l'origine de l'expression *voitures de remise*.

Un arrêt de 1666 nous indique les prix de location des voitures de place : pour la première heure, *vingt sols* et *quinze sols* pour les suivantes, pour une demi-journée, *trois livres dix sols* et dans le cas « où on serait obligé d'y mettre deux chevaux pour aller en campagne, *quatre livres dix sols*. » En 1696, on payait *vingt-cinq sols* pour la première heure de carrosse à deux chevaux, *vingt sols* pour chacune des deux autres heures et *quatre livres dix sols* pour la demi-journée.

D'autre part le *Livre commode des adresses pour* 1692 nous apprend qu' « Il y a des calèches attelées à *vingt sols* par heure dans tous les tems du jour, sur le quay des Augustins, place du Palais-Royal, Croix-du-Tiroir, rue de la Ferronnerie, rue Mazarine et rue Saint-Antoine, devant les Jésuites. Les remises où l'on tient des carrosses de louage au mois, à la semaine ou à la journée, sont encore : rue Mazarine, rue des Vieux-Augustins, rue des Boucheries-Saint-Germain, rue des Petits-Champs, rue de Hurepoix, rue Gît-le-Cœur, rue des Grands-Augustins et rue de Buci.

A la fin du dix-septième siècle comme aujourd'hui, les fiacres portaient des numéros. Les chiffres étaient alors peints en jaune et très grands. Comme aujourd'hui les cochers devaient remettre au bureau de police les objets oubliés dans leur voiture, faire tout leur possible pour ne point gêner la circulation des piétons et des autres véhicules, et ne pas se tenir à l'écart dans les rues environnant leur stationnement. Comme aujourd'hui il leur était recommandé d'observer la politesse vis-à-vis leurs clients, mais comme aujourd'hui ils étaient aussi criards et mal embouchés.

En 1692, Saint-Évremond écrit déjà : « Les cochers sont si brutaux, ils ont la voix si enrouée, si effroyable, et le claquement con-

La voiture de place au XVIIIᵉ siècle ; d'après une gravure du temps.

tinuel de leurs fouets augmente le bruit d'une manière si sensible, qu'il semble que toutes les furies soient en mouvement pour faire de Paris un enfer. »

Durant tout le dix-huitième siècle, on s'en tint, pour les voitures de louage, aux perfectionnements qu'elles avaient acquis à la fin du dix-septième. Cependant, sous Louis XVI on multiplia le nombre des cabriolets qui, comme nous l'avons dit au chapitre précédent, étaient de légères voitures à deux roues. Les services prirent de l'extension, et partout le nombre des véhicules fut augmenté. Il y eut aussi de petites modifications dans les tarifs.

Quelques années avant la Révolution, Paris comptait 650 voitures de remise et 800 fiacres.

Pendant la Révolution, la location des voitures devint libre. Les
sieurs Perreau, à qui appartenait alors l'entreprise, reçurent une
indemnité de 420.000 livres, mais les voitures ne gagnèrent ni en
confort ni en propreté. Paris fut bientôt sillonné de lourds carrosses, épaves de l'ancien régime tombées dans le service public.
Il faut dire que, pendant ces années de trouble, le luxe était peu de
mise. Sous l'empire, il en fut de même. Napoléon ne tenait pas
à voyager dans des carrosses de luxe, mais à aller vite. On a cité
des circonstances où il faisait plus de vingt-deux kilomètres à
l'heure. Sa voiture de voyage ressemblait à une véritable diligence,
ou, pour mieux dire, c'était une maison portative, dans laquelle un
carrossier avait su trouver le moyen de placer tout ce qui était
nécessaire à un séjour prolongé : lit, table pour manger et pour
écrire, lieux d'aisances, appareils d'éclairage, de chauffage. Tout
avait été prévu, tout se plaçait dans des compartiments, et l'empereur pouvait encore admettre deux ou trois personnes dans sa
voiture.

Lors de la Restauration le goût des voitures simples et légères
vint avec les Anglais qui se succédèrent en foule dans Paris. Les
cochers plus ou moins déguenillés, qui portaient encore la culotte
et le catogan furent soumis à une sorte de livrée qui eut au moins
pendant quelque temps l'avantage d'être propre. Ils durent coiffer
le chapeau haut de forme.

Au 1er janvier de l'an 1819, Paris comptait 900 fiacres, 765 cabriolets pour l'intérieur de la ville, 406 pour l'extérieur, 489 car-

rosses de remise et 388 cabriolets de remise, soit 2.948 voitures de louage. Il n'y avait pas moins de quatre-vingt-trois emplacements affectés à ces voitures.

Quant au cocher d'alors, le *Provincial à Paris* nous en donne un portrait qui semble tracé soixante-dix ans plus tard.

Cabriolet de place, vers 1830; d'après Victor Adam.

« Des stations distinctes, » écrit-il, « ont été assignées aux uns et aux autres de ces cochers; le nombre des voitures de place est prodigieux; on sait très bien où et comment se les procurer, personne enfin n'ignore que les prix sont fixés par ordonnance de police, et qu'on se montre inflexible envers les cochers réfractaires. Eh bien! que le soleil darde ses rayons, qu'on n'aperçoive pas la moindre apparence de pluie, et que, par suite de la chaleur ou du froid, le pavé soit sec et tout chemin praticable, on trouve tous les

cochers à leur poste; il n'est pas une place qui ne soit encombrée
de voitures. Polis et prévenants à l'excès, ils provoquent les passants et leur offrent leurs services... Mais que le ciel se couvre de
nuages, que quelques gouttes d'eau aient fait ouvrir les para-
pluies, et la scène change subitement. Tous les cochers désertent
les places à la fois avec leurs voitures; ils se répandent dans les
rues en *maraudeurs*, et ne répondent qu'avec dédain aux som-
mations qui leur sont faites par les passants.

Il faut alors, quoi qu'on en ait, entrer en arrangement avec
eux, car on sait que nul n'a le droit de faire marcher contre sa
volonté un cocher qui n'est pas stationné sur une place. La première question qu'ils vous adressent tous est celle-ci : *Est-ce pour
une course?* L'affirmation les décide à vous ouvrir la portière; dans
tout autre cas, ils fouettent leurs chevaux et passent outre avec la
dernière effronterie... Lorsqu'un cocher pris sur la place par un
mauvais temps est forcé de marcher à l'heure, rien n'égale son
humeur maussade, il jetterait volontiers en bas de son cabriolet
le passant qui vient de s'y installer en vertu de l'ordonnance. »

Ainsi, on le voit, en 1825 comme aujourd'hui, se faire voiturer
dans Paris ne fut jamais chose facile. Et les récits de Johanna Scho-
penhauer nous apprennent qu'il en était de même à Marseille, à
Lyon, et autres grandes villes.

A cette époque, les cabriolets de place portaient leurs numéros
uniquement sur le dos de la caisse de voiture. La présence d'un
petit drapeau fiché sur le haut de la capote, indiquait que la voiture était libre.

« En 1828 et 1829, on mit dans la circulation des voitures aux caisses de différentes couleurs et qui furent appelées *Citadines*, *Célestines, Berlines du Temple, Berlines du Marais, Berlines du Delta*.

« Les Citadines, dit M. Alfred Martin (ouv. cité), étaient peintes

Une station de fiacres devant la place du Parvis (1877).

de couleur gris-rosé, chocolat ou bien jaune, les Célestines, de couleur bleu de ciel; les Berlines du Marais, de couleur vert foncé; les Berlines du Delta, de couleur grise; toutes voitures à quatre places, bien suspendues, rivalisant entre elles d'élégance, attelées de chevaux excellents; enfin, pouvant lutter avec beaucoup de voitures particulières, dont elles se rapprochaient encore en ne portant pas de numéros de six pouces de hauteur, mais seulement sur le panneau de leurs portières, un écusson timbré du nom de chaque entreprise. »

D'autres voitures de construction à peu près identique mais connues sous les différents noms de *Lutéciennes, Urbaines, Mylords, Thérèses, Cabs*, etc., se succédèrent sur le pavé de Paris jusqu'à la constitution de cette importante *Compagnie des Voitures de Paris*, qui sous la dénomination de *Compagnie impériale* fut approuvée par un décret signé en date du 16 avril 1855 et tendit à s'assurer le monopole de toutes les voitures de place.

Entre autres dispositions, la Compagnie impériale des voitures de Paris s'engageait à créer immédiatement 500 nouvelles voitures de place, à racheter tous les numéros de voitures existants sur la demande des entrepreneurs au prix minimum de 7.500 francs pour les fiacres ou coupés et 6.500 francs pour les cabriolets indépendamment du matériel (voitures et chevaux) qui devait être évalué à l'amiable ou par expertise contradictoire, de même que le matériel des voitures de remise.

La compagnie qui avait commencé son exploitation le 1er septembre 1855 (année d'exposition universelle) avait déjà racheté au 31 décembre de la même année 1.211 numéros de voitures. Un an après, il ne restait plus que 141 numéros de voitures de place en dehors de la Compagnie.

Les années suivantes furent moins brillantes par suite de l'augmentation sur le prix des chevaux, causée par la guerre de Crimée et sur les frais d'octroi pour l'entrée des fourrages; les affaires périclitèrent jusqu'en 1865 où éclata une grève des cochers.

Le système du monopole avait fait son temps : l'expérience en
avait démontré l'impossibilité pratique. Un décret de 1866 pro-
clama la liberté à « tout individu de mettre en circulation dans
Paris des voitures de place ou de remise, destinées aux transports

Une station de fiacres à Paris (Place Bréda, en temps de neige).
D'après l'eau forte de Buhot (1879).

des personnes, et se louant à l'heure et à la course ». Cette disposition est aujourd'hui en vigueur, et le public, par suite de la concurrence établie (il n'y a pas moins actuellement de trois cents
entreprises de louage) n'a qu'à y gagner.

A la suite du décret de 1866, les voitures publiques ont été divisées en trois catégories distinctes : 1° les *voitures de place* pro-

prement dites, qui, moyennant une redevance annuelle de 365 fr., peuvent stationner sur un des 296 emplacements désignés par la police; 2° les *voitures mixtes*, qui, acquittant la taxe municipale, peuvent séjourner à leur choix sur place ou sous remise; 3° les *voitures de remise*, qui, ne payant aucune taxe, ne peuvent pas « charger » sur la voie publique et n'ont d'autres stations que leurs remises particulières.

Depuis 1866, le tarif des voitures de place n'a pas subi de grandes modifications (1). Leur nombre au contraire est de beaucoup plus considérable, et l'effectif total en circulation, place et remise est de plus de 10.000 voitures.

(1) Voici les tarifs actuellement en vigueur :

TARIF MAXIMUM DANS L'INTÉRIEUR DE PARIS.

Jour.

De 6 heures du matin en été (du 31 mars au 1er octobre), de 7 heures du matin en hiver (du 1er octobre au 31 mars), à minuit 30 minutes.

Nuit.

De minuit 30 minutes à 6 heures du matin en été, et 7 heures du matin en hiver.

Voitures de place et voitures de remise chargeant sur la voie publique.

Voitures à 2 places.

	Jour.	Nuit.
Course	1 fr. 50	2 fr. 25
Heure	2 fr.	2 fr. 50

Voitures à 4 et 5 places avec galeries pour bagages.

	Jour.	Nuit.
Course	2 fr.	2 fr. 50
Heure	2 fr. 50	2 fr. 75

TARIF MAXIMUM AU DELA DES FORTIFICATIONS.

De 6 heures du matin à minuit en été, de 6 heures du matin à 10 heures du soir en hiver.

Voitures de place et voitures de remise chargeant sur la voie publique.

Voitures à 2 places.

L'heure.......... 2 fr. 50

Voitures à 4 places.

L'heure.............. 2 fr. 75

Indemnité de retour 1 fr., lorsque les voyageurs quitteront la voiture hors des fortifications.

Voitures prises en dehors des fortifications à destination de Paris.

L'heure....... { voitures à 2 places 2 fr. 25
{ — d° — 4 places 2 fr. 75

TARIF DE L'INDEMNITÉ.

POUR LE TRANSPORT DES COLIS.

1 colis	25 c.
2 colis	50 c.
3 colis et au-dessus	75 c.

Les cochers sont tenus de remettre aux voyageurs une carte qui porte le numéro de la voiture et qui devient utile pour retrouver un objet oublié.

Les voitures doivent parcourir 8 kilomètres à l'heure.

En 1891 il a été créé à Paris une première classe de voitures publiques plus particulièrement destinées à desservir les cercles, hôtels, lieux de réunion, théâtres, etc., et qui ont leurs stationnements rue Scribe, place de la Madeleine, avenue des Champs-Élysées, etc. Ces voitures ont un numérotage spécial peu apparent, des cochers dont la tenue rappelle celle des cochers qui conduisent les voitures de maître et des chevaux de choix.

A plusieurs reprises, on a essayé d'installer dans chaque voiture de place un compteur, sorte de surveillant automatique permettant de contrôler avec certitude, la façon de procéder des cochers. On a même cherché à appliquer en 1890 un instrument indiquant à la fois le nombre de kilomètres parcourus et le temps employé à ce parcours. Il n'y avait pas, en effet, de raison apparente pour qu'un système dont plusieurs capitales d'Europe n'ont qu'à se louer, Berlin notamment, ne fonctionnât pas en France avec succès. Mais il y avait une raison cachée, intime : le mauvais vouloir des cochers, qui tiennent autant que possible à échapper à toute espèce de contrôle, lorsqu'ils chargent sur la voie publique, « marchant » au-dessus ou au-dessous du tarif selon le temps qu'il fait, selon le jour, l'heure et la distance, après avoir traité de gré à gré avec le client.

La Compagnie générale des voitures à Paris a encore créé des voitures dites de *grande remise* qu'elle loue à l'année, au mois ou à la semaine, puis de grands chars-à-bancs couverts où elle promène les étrangers. Enfin elle se met au niveau des progrès de la locomotion moderne en lançant successivement sur le pavé des voitures à roues caoutchoutées, d'autres à pneumatiques, dont

les Parisiens apprécient la douceur, d'autres enfin — peut-être
circuleront-elles déjà quand paraîtront ces lignes — qui entreront
dans la catégorie des voitures sans chevaux ou automobiles (1).

(1) Dans son Rapport sur l'exercice 1896, le Conseil d'administration de cette Compagnie s'exprime au sujet des fiacres automobiles en termes fort judicieux et dont nous nous faisons un plaisir de citer un extrait : « Il n'y a aucun doute pour nous que la traction mécanique est la vérité même pour les transports de toute nature.

De même que la locomotive a remplacé les chevaux des malles-poste et des diligences et a créé ce mouvement aussi colossal qu'inattendu de transports, de même aujourd'hui l'idée de la transformation de la traction animale en traction mécanique se pose et s'impose pour tous les véhicules, et nous sommes convaincus qu'elle amènera la même augmentation de trafic en permettant d'abaisser le prix des transports.

Comme toute idée nouvelle, comme la création des chemins de fer en particulier, la question de l'automobilisme soulève un monde d'oppositions. Nous passerons rapidement en revue les objections qui sont le plus communément présentées :

Les voitures automobiles ne marcheront pas, elles seront constamment détraquées et en réparation. Ces propos ne sauraient nous surprendre et nous les accueillons avec une certaine tranquillité, quand nous songeons que François Arago et M. Thiers, qui n'avaient, certes, ni l'un ni l'autre, un esprit banal, ont manifesté les mêmes préoccupations pour les chemins de fer.

La circulation dans Paris deviendra impossible. Pourquoi cela ? C'est le contraire qui se produira, car, du premier coup, la voie publique sera débarrassée, par la suppression du cheval, de la moitié de l'occupation de terrain exigée par les voitures attelées et rien ne sera plus facilement maniable que la voiture automobile.

Les accidents de personnes seront beaucoup plus nombreux. Il n'y a aucune raison pour que cela soit et vous avez appris à vos dépens combien sont malheureusement nombreux les accidents occasionnés par les chevaux, accidents qui ont singulièrement augmenté depuis que le train des voitures de place a été sensiblement accéléré par suite des exigences du public qui veut à toute force une rapidité plus grande. On a dit aussi que les vélocipèdes rendraient la circulation impossible, ce qui n'a pas empêché le cyclisme de prendre le développement extraordinaire auquel nous avons assisté. »...

Le rapporteur ajoute que la Compagnie possède en ce moment des voitures en préparation chez différents inventeurs, en vue de l'emploi, soit du pétrole, soit de l'électricité.

Les dernières statistiques permettent de consigner que la Compagnie générale des Voitures transporte annuellement environ 11.000.000 de voyageurs avec une recette de 15.000.000 de francs.

Parmi les trois cents entreprises ou sociétés de louage que

Le fiacre.

possède Paris, on peut citer, outre la *Compagnie générale*, l'*Urbaine*, la *Compagnie pour le service des Chemins de fer*, l'*Abeille*, la *Société coopérative*, etc...

Il existe aussi à Paris et dans les centres de population de quelque importance, une sorte de voiture de louage qu'il n'y a pas lieu de nommer « à volonté » car nous la prenons le plus souvent malgré nous, c'est le *corbillard*. Cette appellation vient-elle de ce que certaines voitures étaient jadis faites en osier comme des *corbeilles?* Ce qui est certain, c'est que le mot corbillard n'a pas toujours été synonyme de char funèbre. Autrefois, on désignait ainsi les carrosses destinés à voiturer les gens de la suite des princes, parce qu'ils y étaient en grand nombre. On a même appelé ironiquement corbillard, toute voiture dans laquelle plusieurs personnes se trouvent entassées. Le nom de corbillard était aussi donné à ces vastes chars funèbres, surmontés de panaches, et sur lesquels les restes des rois, des princes, des grands seigneurs, dans un double cercueil de plomb et de bois, étaient orgueilleusement conduits à leur dernier gîte, traînés par huit, six ou quatre chevaux, caparaçonnés et empanachés, portant le deuil et les armoiries du défunt. A voir les colossales dimensions du corbillard, on eût dit qu'il renfermait le corps d'un géant, et trop souvent ce n'était que le cadavre d'un frêle personnage. Par un contraste bizarre, tandis que le deuil d'étiquette, le silence et la douleur de commande régnaient autour du corbillard, il arrivait souvent que des ouvriers, selliers, tapissiers et charrons, mis en réquisition pour le réparer, en cas d'accident, cachés sous ses épaisses et amples draperies, jouaient aux dés ou aux cartes sur le cercueil de la majesté, de l'altesse ou de l'excellence, pour se désennuyer de la longueur et de la lenteur de la marche. Les honneurs du corbillard étaient généralement le privilège exclusif des gens de cour et des riches financiers, dans un temps où les roturiers, plus modestes ou sans fortune, étaient portés très simplement dans la bière sur les épaules ou à bras.

La Révolution de 1789, qui est venue rétablir, à certains égards, une sorte de niveau parmi les Français, a généralisé, du moins à Paris, l'usage des chars funèbres nommés corbillards. Il y en a de tous prix, de toutes formes, de toutes grandeurs, plus ou moins richement décorés, plus ou moins dénués d'ornement; quelques-uns même ressemblent plus à des tombereaux qu'à des corbillards. Chacun peut donc, à son gré ou suivant ses moyens, se procurer aujourd'hui, pour son dernier voyage, « le plaisir de partir en voiture », comme l'a dit Armand Gouffé dans sa chanson du *Corbillard*. Il est seulement fàcheux que les corbillards et tous les accessoires des pompes funèbres soient devenus l'objet d'une spéculation commerciale, autorisée par le gouvernement, ou par l'administration, qui en retire un bénéfice, et qu'on soit forcé de subir jusqu'au tombeau la loi du fisc, des tarifs et du monopole.

Dans beaucoup de villes de province, où l'on prodigue moins l'argent en vanités superflues, il n'y a qu'une sorte de corbillard, uniquement réservé à l'aristocratie de la noblesse ou de l'opulence, et les bons bourgeois continuent, ainsi que les pauvres, à se faire porter modestement au cimetière sur des brancards.

En Amérique, les corbillards sont plus légers que dans la vieille Europe : c'est pour aller plus vite. L'Américain voyage à grand train même après sa mort, et c'est au trot que le corbillard le conduit au cimetière.

« La première fois que j'ai vu un cortège funèbre défiler sous mes yeux à une allure vive, dit M. de Rousiers dans sa *Vie américaine*, j'avoue très franchement que j'en ai été choqué; la majesté de la mort me semblait s'accommoder assez mal avec la rapidité bruyante de cette longue série de voitures; il y a certainement quelque chose de plus solennel et de plus digne dans la coutume des escortes processionnelles que nous faisons en France à nos morts. »

Mais l'auteur ajoute que cette précipitation à se débarrasser de leurs morts n'est pas, chez les Américains, une marque d'irrespect. Les préoccupations apportées aux rites funèbres et les soins donnés aux sépultures, aux cimetières prouvent plutôt le contraire. Chez eux d'ailleurs, l'esprit de nouveauté s'allie très bien avec le culte du passé.

Corbillard américain.

CHAPITRE VIII

LES VOITURES DE TRANSPORT EN COMMUN
DANS LES VILLES

I. — LES CARROSSES « A CINQ SOLS ».

Les distances que chacun est appelé à franchir dans les grands
centres de population, équivalent parfois à de véritables voyages,
et si l'on considère que dans la vie des affaires, tout voyage est
une perte de temps, il y a lieu de s'étonner que l'habitant des
villes n'ait pas anciennement cherché à s'épargner du temps et
des courses par l'intermédiaire des moyens de transport en
commun.

Nous avons vu que dans l'ancienne France, les monarques ont
toujours possédé carrosse. Les « grands » comme on disait jadis
et les riches bourgeois ont eu ensuite le même privilège. Pour
les bourgeois moins aisés, on a inventé les voitures de louage :
chaises à bras, chaises roulantes, fiacres et cabriolets. Mais le
peuple, ceci est à peine croyable, dut attendre que le premier
quart du dix-neuvième siècle fût révolu, pour avoir, lui aussi,
dans la capitale, sa voiture : l'omnibus.

L'idée de la création des voitures pour le transport en commun de Paris dans Paris, date cependant du dix-septième siècle. Elle appartient dit-on à Blaise Pascal. Ce grand homme vit même la réalisation de son idée dans l'établissement des carrosses « à cinq sols marquez (1) » mais de ces carrosses étaient exclus « soldats, pages, lacquais et autres gens de livrée, même les manœuvres et gens de bras », c'est-à-dire une grande partie de la population. Il n'y a donc pas lieu, à proprement parler, de désigner ces voitures sous le nom d'*omnibus* qui justement veut dire *pour tous*.

Pour la plus grande commodité des bourgeois :

> L'établissement des carrosses
> Tirez par des chevaux non rosses
> (Mais qui pourront à l'avenir,
> Par le travail le devenir)
> A commencé d'aujourd'huy mesme,
> Commodité sans doute extresme,
> Et que les bourgeois de Paris,
> Considérant le peu de prix
> Qu'on donne pour chaque voyage,
> Prétendent bien mettre en usage.
>
> . . . .
>
> Le dix-huit de mars notre veine,
> D'écrire cecy prit la peine.

Ainsi parle Loret dans sa *Muse historique* (tome XIII, lettre XI). Ce fut en effet le samedi 18 mars de l'année 1662, que le service des carrosses à cinq sols, fonctionna pour la première fois, du Luxembourg à la porte Saint-Antoine. Le privilège en avait été

(1) Les sous dont l'empreinte était usée, devenant l'objet de continuelles disputes, sous le règne de Louis XIV, on avait fait subir à tous les vieux sous une nouvelle frappe. Pour faciliter l'échange de la monnaie dans les carrosses à cinq sols, il fallait donc que chaque pièce fut *marquée,* c'est-à-dire de frappe récente.

demandé l'année précédente, les solliciteurs exposant dans leur placet que ces voitures « seraient infiniment commodes pour un grand nombre de personnes comme plaideurs, gens infirmes et autres, qui n'ayant pas le moyen d'aller en chaise ni en carrosse, parce qu'il en coûtoit une pistole (env. 10 francs) ou deux écus (env. 6 francs) par jour, pourroient être menés pour un prix tout à fait modique par le moyen de ces carrosses qui feroient toujours les mesmes trajets dans Paris, d'un quartier à l'aultre, savoir : les plus grands pour cinq sous marqués, et les autres à moins; pour les faubourgs à proportion, et partiroient toujours à des heures réglées, quelque petit nombre de personnes qui s'y trouvassent, même à vide, s'il ne s'y présentoit personne, sans que ceux qui se serviroient de cette commodité fussent obligés de payer plus que leurs places ».

Le 27 février 1662 le privilège fut accordé à une société formée du duc de Rouanès, gouverneur et lieutenant général de la province du Poitou, du marquis de Sourches, chevalier des ordres du roi et du marquis de Crenan, grand échanson de France.

Cinq itinéraires furent établis dans le courant de l'année. Nous avons dit que le premier était compris entre le Luxembourg et la porte Saint-Antoine. Le second le fut, entre la rue Saint-Antoine et la rue Saint-Honoré (près l'église Saint-Roch); le troisième entre la rue Montmartre (près Saint-Eustache), et le Luxembourg; le quatrième faisait le tour de Paris, ayant la rue Neuve Saint-Paul comme point de départ et d'arrivée. Enfin, la cinquième et dernière « route », ouverte le 5 juillet, allait de la rue de Poitou au Luxembourg.

Les carrosses à cinq sols, tarif élevé un peu plus tard à six sols, étaient à caisse suspendue par des soupentes, et contenaient six, puis à la création de la seconde ligne, huit places. Voici au sujet de la première journée de service, la lettre que Mme Périer, la sœur de Pascal, écrivait à Arnauld de Pomponne, alors exilé à Verdun.

« L'établissement commença samedi à sept heures du matin, mais avec un éclat et une pompe merveilleux. On distribua les sept carrosses dont on a fourni cette première route. On en envoya trois à la porte Saint-Antoine et quatre devant le Luxembourg, où se trouvèrent en même temps deux commissaires du Châtelet en robe, quatre gardes de M. le grand-prévost, dix ou douze archers de la ville et autant d'hommes à cheval.

Quand toutes les choses furent en état, MM. les commissaires proclamèrent l'établissement et, ayant montré les utilités, ils exhortèrent les bourgeois de tenir main-forte, et déclarèrent à tout le petit peuple que si on faisait la moindre insulte, la punition serait rigoureuse, et ils dirent tout cela de la part du roy. Ensuite, ils délivrèrent aux cochers chacun leurs casaques, qui sont bleues, des couleurs du roy et de la ville en broderies sur l'estomac, puis ils commencèrent la marche.

Alors il partit un carrosse avec un garde de M. le grand-prévost dedans. Un demi-quart d'heure après, on en fit partir un autre, et puis les deux autres dans des distances pareilles, ayant chacun un garde, qui y demeurèrent tout ce jour-là. En même temps, les archers de la ville et les gens de cheval se répandirent par la route.

Du côté de la porte Saint-Antoine on pratiqua les mêmes cérémonies, à la même heure, pour les trois carosses qui s'y étaient rendus, et on observa les mêmes choses qu'à l'autre côté pour les archers et pour les gens de cheval. Enfin, la chose a été si bien conduite, qu'il n'est point arrivé le moindre désordre, et ces carrosses-là marchent aussi paisiblement comme les autres. »

Mᵐᵉ Périer termine sa lettre en disant que voulant y monter elle-même, elle se vit sur le point de maudire ces nouveaux carrosses, car elle eut le déplaisir d'en voir passer cinq devant elle, au complet.

A chaque création d'une nouvelle route, on affichait sur les murs de Paris un placard indiquant rue par rue le trajet des sept carosses pour chaque ligne, avec leurs points de correspondance, de telle sorte « qu'on puisse aller de tous les quartiers d'une route à tous ceux de l'autre. Et encore qu'en changeant de carrósse, on soit obligé de payer de nouveau, néanmoins le prix est si modique et la commodité si grande, qu'il n'y a personne qui ne soit bien aise de se servir de cet advantage... »

On pouvait donc comme aujourd'hui, correspondre avec d'autres lignes, mais il fallait payer sa place chaque fois qu'on montait en voiture. Il y avait encore entre cette époque et la nôtre ces différences : qu'une personne pouvait retenir les voitures en payant les huit places ; qu'on refusait les pièces d'or « pour empescher les longueurs des changements de monnaye qui consomment beaucoup de temps » ; que les voitures étaient semblables et les cochers ainsi que les laquais (conducteurs) galonnés de différentes nuances, selon les voies qu'ils desservaient.

Pour commencer, tout alla bien. « Ce succès a dépassé de beaucoup toutes nos espérances », écrivait Mme Périer. Ce fut au point qu'on songea à établir quatre nouvelles routes de traverse de façon « à apporter dans Paris, une commodité qui n'avait pas été imaginée jusqu'à présent ». Mais l'entreprise était franchement anti-démocratique, puisque pour la plus grande commodité des bourgeois, « des personnes de mérite », dit une autre ordonnance, les soldats, pages, laquais, manœuvres et gens de bras, avons-nous dit, ne pouvaient en profiter.

Aussi, dès la création de la seconde ligne, « les lacquais et la populace, rapporte Sauval, se mirent à poursuivre les carrosses avec de grandes huées et en leur jetant des pierres ».

Sauval exagère un peu. Une ordonnance du lieutenant de police rétablit les faits. Nous la publions in extenso :

ORDONNANCE CONCERNANT LES ATTAQUES CONTRE LES CARROSSES PUBLICS.

De par le Roy et M. le Prévost de Paris ou Monsieur son Lieutenant civil, sur ce qui nous a été représenté par le procureur du Roy, que l'establissement des carrosses pour la commodité du public ayant été fait en conséquence des lettres patentes de S. M. vérifiées en la Cour du Parlement, dont les bourgeois reçoivent beaucoup d'utilité et de satisfaction, il seroit arrivé que quelques lacquais ont dit des injures aux cochers et frappé, en passant, des lacquais des dits carrosses publics, et mesme qu'à une dispute pour un passage de rue, un lacquais a eu l'insolence de jeter des pierres à un des dits cochers publics, dans la rue des Francs-Bourgeois, le 12ᵉ jour du présent mois, quoique le dit carrosse fut armorié des écussons de la Ville et le dit cocher couvert d'une casaque bleue aux armes du Roy, en sorte que le dit cocher auroit été blessé à la tête avec effusion de sang; ce qui étoit nécessaire de réprimer. Nous, ayant égard à la dite remontrance, avons ordonné et ordonnons que le commissaire Mesnier sera incessamment informé des faits cy-dessus, circonstances et dépendances, pour l'information faite et rapportée être ordonné ce qu'il appartiendra; cependant, faisons défense à tous lacquais, vagabonds et gens sans aveu, de commettre aucune insolence ni excès contre les dits cochers et lacquais des dits carrosses, à peine du fouet et de plus grande punition s'il y échoit, et à toutes sortes de personnes de quelques qualité et condition qu'ils soient, de leur apporter aucun trouble ni empeschement, ni de faire aucune violence aux cochers, soit pour les faire avancer sans avoir préalablement payé, ou de les vouloir contraindre à se détourner de leurs routes, ou sous quelque autre prétexte ou occasion que ce puisse être, à peine de cinq cents livres d'amende. Enjoignons à tous les commissaires des quartiers d'y tenir la main, et à tous huissiers, sergents et archers de se saisir des contrevenans : et sera la présente ordonnance lue, publiée et affichée aux carrefours de cette ville, et partout où besoin sera, et exécutée nonobstant opposition ou appellation quelconque et sans préjudice d'icelles.

Signé : Daubray et de Riantz. — Fait et ordonné par Messire Dreux Daubray, chevalier, comte d'Offemont, seigneur de Villiers, conseiller du Roy en ses conseils, et lieutenant civil en la ville, prévoté et vicomté de Paris, le samedy quinze avril 1662.

Signé : SAGOT.

Cecy publié à son de trompe et cris publics en tous les carrefours ordinaires et extraordinaires de la ville et faubourg de Paris, par moi Charles Canto, crieur-juré du Roy, accompagné de trois trompettes, etc.

Le mardy dix-huit avril 1662, et affiché.

Signé : Canto.

Il est probable que la menace « du fouet et de plus grande punition, s'il y échoit » empêchèrent le peuple de renouveler les délits reprochés ci-dessus. Quoiqu'il en soit, les carrosses publics disparurent de la circulation au bout de peu d'années.

« Chacun deux ans durant, dit Sauval dans son *Histoire et antiquités de la ville de Paris*, trouva ces carrosses si commodes, que des auditeurs et maîtres des comptes, des conseillers du Châtelet et de la Cour ne faisoient aucune difficulté de s'en servir pour venir au Châtelet et au Palais, ce qui les fit augmenter de prix d'un sol; jusque là que le duc d'Enghien s'en est servi par occasion. Mais que dis-je? le roy passant l'été à Saint-Germain, où il consentit que tels carrosses vinssent, lui-même par plaisir monta dans un, et, du vieux château où il logeoit, vint au nouveau trouver la reine-mère. Nonobstant cette grande vogue, l'usage de ces carrosses, trois ou quatre ans après leur établissement fut si méprisé, qu'on ne s'en servoit presque plus, et ce mauvais succès fut attribué à la mort de Paschal. »

Ces lignes de Sauval ne sont nullement convaincantes. Des documents portant les dates de 1672 et même de 1679, nous prouvent que les carrosses à six sols marqués existèrent plus de trois ou quatre ans après leur établissement. D'autre part le privilège accordé au duc de Rouanès et aux marquis de Sourches et de Crenan ne fut racheté qu'en 1691 pour être fusionné avec le service des voitures de place.

Notre avis est que « nonobstant cette grande vogue » l'usage des carrosses à six sols ne « fut si méprisé » que parce qu'on ne voulut pas le rendre accessible à la population tout entière. En un temps où les chaises et les voitures de louage étaient en nombre respectable et peu onéreuses, même pour l'époque, les auditeurs, les maîtres des Comptes et conseillers à la Cour devaient constituer pour l'entreprise des carrosses à six sols un public déplacé et tout à fait exceptionnel. L'idée de Blaise Pascal n'était pas sans valeur, puisque Paris et les grandes villes du monde l'ont appliquée plus tard en multipliant les services d'omnibus, mais cette idée devançait son temps; elle ne pouvait faire son chemin que dans une société nouvelle, sous un régime un peu plus égalitaire : l'exemple l'a prouvé.

II. — LES OMNIBUS (1828-1855).

En 1819, en 1824, en 1826, des particuliers avaient vainement sollicité l'établissement d'un service régulier de voitures de transport en commun à Paris, sur la voie publique. On objectait en haut lieu que l'encombrement des rues, déjà considérable, n'irait qu'en s'accentuant.

En 1828, l'entrepreneur des transports publics à Nantes, nommé Baudry fut plus heureux. Il obtint de l'administration, représentée par le préfet de police, la permission « d'établir dans l'intérieur de Paris jusqu'à concurrence de cent voitures publiques à destination fixe, dites omnibus.

« Ces voitures devant contenir douze personnes et au plus vingt » dit une affiche qui fut placardée sur tous les murs, préviennent de leur passage par un jeu de trompettes de nouvelle invention. Elles sont organisées de manière qu'elles s'arrêtent au moindre signe fait au cocher ou au conducteur; que la portière, située dans la partie postérieure, ne fait courir aucun danger aux personnes qui montent ou descendent; qu'un conducteur chargé de la perception du prix de la course, veille au maintien de l'ordre qui doit toujours y régner; que des lanternes sont disposées de manière à éclairer, non seulement l'extérieur où elles jettent une grande masse de lumière, mais encore l'intérieur de la voiture, et particulièrement le marchepied.

Chacune d'elle porte sur ses flancs l'indication du point de départ et d'arrivée.....

Les conducteurs et cochers ne doivent demander aucune gratification; ils sont autorisés à refuser les porteurs de paquets qui ne pourraient les placer sur leurs genoux.

Les avantages immenses que ces établissements offrent au commerce et à l'industrie font espérer qu'ils trouveront dans la capitale les encouragements qu'ils ont déjà trouvés dans plusieurs principales villes de France où ils sont en pleine activité. »

L'autorisation préfectorale du mois de janvier 1828 fixe les itinéraires à suivre, au nombre de dix-huit, et ajoute, entre autres dispositions qu'il est expressément défendu aux conducteurs de s'arrêter pour prendre ou descendre des voyageurs : 1º à une distance moindre de 200 pas (environ 150 mètres) des bureaux ; 2º dans les carrefours, aux encoignures des rues, à la descente des ponts et sur les ponts et devant les théâtres à partir de 6 heures du soir.

Une « Écossaise »; d'après Victor Adam.

Les contraventions seront déférées aux tribunaux, et s'il y a lieu, la circulation interdite ou seulement suspendue par la mise en fourrière. »

Les premiers omnibus mis en circulation ne différaient pas beaucoup des diligences. Ils étaient divisés en trois compartiments, contenaient 14 places et étaient traînés par trois chevaux. Leur lancement fut opéré avec moins de mise en scène que pour les carrosses à cinq sols, mais leur succès, de meilleur aloi.

On rapporte que la duchesse de Berry voulut s'offrir la fantaisie de traverser Paris incognito en omnibus, mais qu'elle se trahit en donnant au conducteur vingt-cinq louis qu'elle venait de gagner au jeu, au lieu de vingt-cinq centimes.

Cependant, malgré que les omnibus fussent toujours bondés de voyageurs, l'entreprise faillit échouer. Les moyens de contrôle étaient si défectueux, que l'argent ne parvenait pas jusqu'aux caisses de la société qui avait alors à sa tête MM. Baudry, Boitard et de Saint-Céran. Le malheureux Baudry se suicida et le privilège fut racheté par MM. Feuillant et Moreau-Chaslon entre les mains de qui l'entreprise se releva.

On mit en service de nouvelles voitures à 16 places tirées par deux chevaux, et au commencement de 1830, le prix des places fut porté à 30 centimes. Depuis lors il n'a pas varié.

Les excellents résultats donnés par ce nouveau mode d'exploitation firent naître pendant un espace de plus de vingt-cinq ans une foule de concurrences dont la plupart firent de brillantes affaires.

Des voitures aux désignations les plus bizarres, aux couleurs, aux ornements les plus baroques, conduites par des cochers coiffés de blanc, de jaune, de noir ou de vert et accoutrés de vêtements plus ou moins brodés et galonnés, se succédèrent sur le pavé de Paris.

C'est ainsi que les *Dames-Blanches* qui reçurent ce nom en mémoire de l'opéra de Boïeldieu, figuraient à l'extérieur, comme dans les diligences, trois compartiments marqués par une baguette de cuivre. « Leurs flancs, dit M. A. Martin, étaient ornés de losanges dorés, artistement sculptés; deux paysages, peints avec soin, décoraient les deux côtés de la portière; les stores cintrés étaient intérieurement séparés par des coussins en maroquin. Enfin une glace garnissait le fond de la voiture, derrière le siège du cocher, qui portait un chapeau blanc. Les chevaux attelés aux

Une « Béarnaise »; d'après Victor Adam.

premières voitures mises en service avaient des plumets, mais on y renonça par la suite. » Ajoutons que, sous les pieds du cocher, une « fanfare mécanique de quatre trompettes » avertissait les passants.

Les *Écossaises* tentaient de justifier leur nom par un bariolage « tape-à-l'œil » qui couvrait la caisse du véhicule. Les *Béarnaises* avaient des conducteurs déguisés en *basques*. Les *Tricycles* étaient montés sur trois roues pour n'avoir pas, dit-on, à payer l'impôt sur les voitures à quatre; ils étaient d'un blanc jaune et contenaient 14 places; on y était fort mal. La roue unique qui supportait tout l'avant-train de la voiture, occasionnait des chocs désagréables lorsqu'elle tombait dans quelque creux entre les pavés ou dans un caniveau à franchir; aussi les voyageurs choisissaient-ils de préférence les places situées à l'arrière. Postérieurement les tricycles furent à quatre roues, mais conservèrent leur nom primitif. Il y eut encore les *Favorites*, les *Citadines*, les *Orléanaises*, les *Diligentes*, les *Carolines*, les *Batignollaises*, les *Parisiennes*, les *Hirondelles*, les *Joséphines*, les *Excellentes*, les *Sylphides*, les *Constantines*, les *Algériennes*, (ces deux der nières en souvenir de la conquête de l'Algérie), les *Dames-Françaises*, les *Dames-Réunies*, et enfin les *Gazelles*.

Tandis qu'en janvier 1836 les Omnibus proprement dits étaient tombés de 100 voitures à 68, les Favorites en avaient 49; les Dames-Blanches, 32; les Orléanaises, 28; les Béarnaises, 27; les Joséphines, les Hirondelles et les Citadines, chacune 26, etc., soit en tout, 378 voitures desservant environ 40 lignes. Le nombre des personnes transportées était d'environ 100.000 par jour, ce qui indique une recette de 30.000 francs.

A la même époque on vit apparaître la *correspondance* gratuite entre les voitures des différentes sociétés et qui permettait comme aujourd'hui aux voyageurs de changer une fois de voiture sans avoir à payer de nouveau le prix de leur place.

Vers le milieu du siècle, un certain nombre des entreprises d'omnibus avaient été rachetées par d'autres. Il y eut même à plusieurs reprises des pourparlers entre les diverses sociétés existantes pour se fusionner et ne former qu'une seule compagnie. En

1854, on finit par s'entendre, et c'est le 22 février 1855 que fut signé le décret impérial qui autorisait la fusion des anciennes entreprises de transport en commun dans Paris sous le nom d'*Entreprise générale des Omnibus*, modifiée trois jours après en *Compagnie générale des Omnibus*.

Le fonds social de la nouvelle compagnie fut divisé en 24.000

Les nouvelles voitures du boulevard à Paris, en 1828 (omnibus, fiacre et cabriolet).
D'après une estampe anglaise en couleurs. (Coll. Gaston Tissandier.)
Les deux omnibus ici figurés sont des *Dames-Blanches* et des voitures de l'Entreprise Générale dite les *Omnibus*, ayant, sur le caisson du milieu, un attribut en forme d'écusson.

actions de 500 francs réparties entre les diverses entreprises et leurs directeurs. Ces entreprises n'étaient plus alors qu'au nombre de dix : Omnibus, Dames-réunies, Favorites, Béarnaises, Citadines, Batignollaises-Gazelles, Constantines, Tricycles, Hirondelles-Parisiennes, Excellentes.

III. — COMPAGNIE GÉNÉRALE DES OMNIBUS.

La Compagnie générale des Omnibus qui rend les plus grands

CHAR ANTIQUE.   33 services à la population parisienne est aussi la plus importante entreprise de transport que possède la capitale.

Les moindres détails sur cette puissante administration sont dignes d'intérêt, aussi allons-nous donner tous ceux qui nous sem-bleront devoir prendre place dans un ouvrage de vulgarisation sans trop le surcharger.

L'administration municipale, en concédant à la Compagnie le droit exclusif de transporter les voyageurs en commun dans ses voitures, lui fit payer ce monopole par des charges considérables ; la Compagnie dut payer une redevance annuelle, représentant le droit de stationnement, redevance calculée ainsi : 1 million pour les 500 premières voitures, et pour chacune des voitures excédant ce nombre, 1.000 francs jusqu'en 1870, 1.500 francs de 1870 à 1885, 2.000 francs de 1885 à 1910, terme d'expiration de la concession. Le cahier des charges oblige en outre la Compagnie à établir ses écuries dans l'enceinte de Paris, ce qui soumet aux droits d'octroi la nourriture des chevaux et relève considérablement le prix d'acquisition des terrains, ainsi que des constructions nécessaires pour les écuries et les magasins. Enfin c'est l'administration municipale qui assigne les lignes de circulation et le nombre des voitures que chacune d'elles peut comporter.

Le nombre de ces voitures était, en 1855, de 569. La plupart ne contenaient que 17 places, quelques-unes avaient une *impériale* dont l'idée avait été rapportée de Londres en 1853 par un des administrateurs de l'Entreprise des omnibus, avant la fusion. « Nous n'avons plus la Marseillaise, mais voici l'Impériale », disait une chanson de l'époque.

La Compagnie commença par transformer peu à peu ses omnibus en voitures de 24 places et à les munir d'une impériale.
Pour construire des voitures légères il fallait, suivant la remarque
de M. Binder, diminuer autant que possible le poids mort, c'est-à-
dire le poids de la voiture vide, afin de réserver l'effort de traction

Les omnibus, place de la Bourse à Paris.

des chevaux pour enlever et traîner la plus grande somme de
poids utile, c'est-à-dire le plus de voyageurs; en même temps, il
était essentiel que la voiture ainsi combinée, légère et destinée à
recevoir un chargement très lourd et très irrégulier, fût très solide, pour que l'exploitation n'eût pas à supporter des réparations
trop fréquentes. Le poids de la caisse fut en conséquence allégé,
et le diamètre des roues de devant fut augmenté afin de faciliter
le roulement; on parvint à supprimer l'échancrure pratiquée dans

les brancards pour le passage des roues, et l'on donna ainsi à la caisse plus de solidité et d'élégance. La Compagnie des omnibus, ne trouvant pas facilement dans le commerce les bois secs nécessaires à la construction de ses voitures, établit dans ses ateliers une étuve de dessication des bois.

En 1860 les anciennes voitures avaient complètement disparu et l'effectif des nouvelles était de 759. Mais sur ces nouvelles, il y en avait dont le type remontait à l'origine du monopole; il fallut les remplacer.

On en profita pour porter à 12 le nombre des places de l'impériale, puis (en 1866) à 14, chiffre qui fut encore augmenté en 1879 à la création des omnibus à 40 places qui permettait aux dames l'accès de l'impériale.

On voit que l'omnibus se démocratisa de plus en plus par la multiplication des places d'impériale qui dès l'origine avaient été portées au prix de 15 centimes (1).

Des tarifs aussi modestes ne permettent pas, il s'en faut, d'assurer à chaque ligne, un bénéfice au bout de l'année. « Il y a ceci de très remarquable dans les omnibus, disait M. Eugène Flachat, que fussent-ils au complet toute la journée et d'un bout à l'autre

(1) Dès les premières années de son exercice, la Compagnie générale des omnibus eut un service de voitures circulant sur voies ferrées. A plusieurs reprises elle augmenta de volume ces voitures, pour aboutir à la création du type tramway, contenant 51 places. La première ligne de tramways mise en exploitation par la Compagnie fut celle de l'Étoile à la Villette (15 juin 1875). Depuis cette époque, elle a ouvert dans les quartiers excentriques et pour desservir la banlieue de Paris, un grand nombre de voies ferrées sur lesquelles circulent des voitures, la plupart à traction animale, d'autres mues par la vapeur ou par l'électricité.

des lignes, l'entreprise serait en perte; c'est le renouvellement seul des voyageurs dans la même voiture, et même une fraction de ce renouvellement, qui constitue son bénéfice, car il faut déduire du complet les voyageurs de correspondance. » Aussi une bonne moitié des lignes desservies sont-elles en perte, sans manquer, en réalité, d'être fructueuses, puisqu'elles sont indispensables pour rabattre les voyageurs sur les lignes principales.

Les deux lignes sur lesquelles le mouvement est le plus considérable sont celles de la Madeleine à la Bastille et des Batignolles à l'Odéon; la première a fait en 1896 une recette de 2.465.061 fr. 90; la seconde, 1.600.548 francs.

Tous les ans la Compagnie apporte des modifications aux lignes d'omnibus; en 1896 le nombre de ces lignes était de 50 et de 5 pour la banlieue. Nous ne comptons pas les lignes de tramways.

Le tableau que nous donnons ci-après, et dont les chiffres portent sur une période de dix ans en dix ans depuis la première année de l'exploitation de la Compagnie des omnibus, permet de constater un accroissement progressif sur presque tous les points.

Il est dans Paris une catégorie d'omnibus qui n'est pas exploitée par la Compagnie générale. Ce sont les omnibus qui desservent les gares de Chemin de fer. Ces voitures qui dépendent des Compagnies du Nord, de l'Ouest, de l'Est, d'Orléans et de Paris-Lyon-Méditerranée, sont de deux sortes, selon qu'elles prennent ou non des bagages.

Les omnibus pour voyageurs sans bagages sont à itinéraire fixe, font un service régulier entre les gares et certains points déterminés, prennent des voyageurs pendant leur trajet, mais ne les laissent descendre qu'au point d'arrivée.

Les omnibus pour voyageurs avec bagages, dits « omnibus de famille » sont à itinéraire variable puisqu'ils se rendent au domicile des voyageurs pour charger. Ils appartiennent donc à la catégorie des voitures dont nous avons parlé au précédent chapitre.

Omnibus pour voyageurs avec bagages.

TABLEAU STATISTIQUE DÉCENNAL

CONCERNANT L'EXPLOITATION DE LA COMPAGNIE GÉNÉRALE DES OMNIBUS

LIGNES D'OMNIBUS (1)

ANNÉES.	Nombre de voitures en service.	Longueurs exploitées, exprimées en kilomètres.	Parcours kilométrique des voitures.	Nombre annuel des voyageurs transportés.	Nombre moyen de voyageurs par jour.	Recettes totales par année.	Recette moyenne journalière.	Nombre moyen de chevaux en service par jour.	Impôts divers payés à l'État et à la Ville (3).
		kil.	kil.			fr.	fr.		fr.
1855	345	149,07	(2) »	36,000,000	117,647	7,212,861	23,571	3,438	713,861
1865	562	201,07	21,211	101,228,900	277,339	18,912,222	51,814	7,376	2,209.345
1875	655	203,08	21,194	113,577,278	310,896	21,374,735	58,561	7,969	2.562,797
1885	571	223.01	17,543	105,435,938	288,865	19,964,087	54,696	8,709	3,712,660
1895	642	»	21,240,235	125,187,897	342,980	23,364,258	64,011	9,865	4,625,143
(Année d'Exposition, **1889**.)	610	233,08	19,907	121,157,979	331,940	23,241,155	63,074	9,257	4,015,457

(1) Ces renseignements ne portent ni sur le service de banlieue, ni sur l'exploitation des voies ferrées (tramways).

(2) Les renseignements font défaut pour cette année 1855.

(3) Les chiffres ci-dessous portent sur l'exploitation totale.

CHAPITRE IX

LES MOTEURS MÉCANIQUES
AUTOMOBILES ET MOTOCYCLES

Au moment où va disparaître le siècle qui vit se multiplier les applications si variées et si imprévues de la vapeur et de l'électricité, une forte impulsion du génie humain se produit, se propage du côté des moyens de transports. L'automobilisme nous portera glorieusement de ce siècle dans l'autre, cela est indéniable, mais il faut bien le dire, ce sera avant d'avoir atteint le haut degré de perfection qui lui permettra plus tard de remplacer pour les transports particuliers la traction animale par la traction mécanique. Cette conquête, il l'a déjà réalisée en partie, dans les transports en commun. En moins de cinquante ans, les diligences ont cédé la place aux chemins de fer. Dans les villes, aux abords des villes, les funiculaires, les tramways à vapeur, les tramways électriques, les tracteurs sur route, tendent à remplacer les omnibus et autres voitures publiques, et voici que, depuis peu d'années, des voitures particulières sans chevaux circulent avec aisance dans les rues encombrées de nos villes, et, dans la campagne, accomplissent chaque jour des parcours de 200 kilomètres.

L'automobilisme ne date que de quelques années, mais il a des ancêtres. Le premier dont parle l'histoire vit le jour en 1769, nous disent les uns, l'an 1771, prétendent les autres. Il nous suffit de savoir que pendant l'une de ces années, un officier d'artillerie français, nommé Cugnot, essaya, en présence de son supérieur, le général de Gribeauval, une voiture à vapeur de son invention, qui parcourut près de 3.000 toises (5 kil. 847 mètres) en une heure. C'est dire qu'on pouvait, sans se fatiguer, accompagner à pied, cet ancêtre de l'automobilisme.

Malgré un rapport favorable, la tentative de Cugnot fut abandonnée, et sa machine, reléguée dans une remise. On l'en sortit plus tard pour la transporter au Conservatoire des Arts et Métiers où chacun peut la voir aujourd'hui.

En 1800 et 1808, deux mécaniciens anglais, Trevithick et Vivian construisirent deux véhicules, le premier destiné aux voies de terre, le second aux voies ferrées. La marche de ces deux locomotives fixa principalement l'attention sur la nature des voies et l'on sentit dès lors tout l'avantage des rails, dont la surface offre peu de prise au frottement des roues.

Survinrent les guerres du premier Empire qui entravèrent l'industrie naissante de l'automobilisme; peu de temps après, les coches à vapeur de Griffith (1821), ceux de Burstall et Hill (1824) et de Gurney (1828) cédèrent la place à la locomotive de Robert Stephenson (1829). Les compagnies de chemin de fer allaient se constituer et dès lors, il est évident que la locomotion sur route devait renoncer à toute concurrence.

Cette abstention dura près d'un demi-siècle, légitimée par les progrès merveilleux accomplis chaque année dans la locomotion sur rails.

On avait assez pâti de la lenteur et de l'incommodité des voyages en diligences — on l'a vu dans notre chapitre VI — pour ne pas se plaire à contempler les routes simplement au point de vue de leur effet dans un paysage, et en les côtoyant à une vitesse de 60 kilomètres à l'heure.

Nous savons tous ce que nous devons aux chemins de fer en tant que mode pratique de locomotion, mais nous savons aussi qu'il leur manque beaucoup, au point de vue de l'agrément.

Voiture à vapeur de Cugnot.

Cet agrément, le cyclisme et l'automobilisme ne nous le marchandent pas; ils ont du reste chacun le leur, et nous aurons l'occasion d'en parler à la fin de ce chapitre...

Il faut attendre à l'année 1875 pour assister à une reprise des essais de locomotion mécanique sur route. L'honneur en revient à M. Bollée, qui, le premier fit bénéficier cette locomotion des perfectionnements accomplis dans la construction des machines à vapeur. L'omnibus automobile sorti des ateliers de M. Bollée fut *la .Nouvelle*, et en effet une voiture sans chevaux qui pouvait accomplir facilement un parcours de 28 kilomètres à l'heure, constituait, aux environs de l'année 1880, une nouveauté intéressante.

Vers la même époque, MM. de Dion et Bouton parvinrent après des années de recherches, à construire un générateur de vapeur d'une grande puissance malgré un volume et un poids fort réduits.

Dans son savant ouvrage sur les Automobiles, M. D. Farman nous apprend que la première application du générateur de Dion et Bouton, fut faite sur un quadricycle à deux places, puis sur un tricycle-tandem dont la seconde place fut supprimée et remplacée par un moteur et un générateur du poids total de 50 kilogrammes.

La machine, d'une puissance d'un cheval-vapeur, permit d'atteindre une vitesse de 30 kilomètres à l'heure, ce qui aujourd'hui encore constitue un résultat fort remarquable.

En l'année 1885 les mêmes ingénieurs construisirent un tricycle, qui permit de parcourir le kilomètre en une minute. Ce tricycle était la première voiture automobile pratique, ou du moins le premier *motocycle* puisqu'on désigne ainsi les automobiles dont la construction dérive de la vélocipédie.

Depuis lors, bien des système sont été essayés. Il y eut des automobiles à leviers plus ou moins automatiques, il y en eut à air comprimé, à eau comprimée, à vapeurs combinées, et d'autres où le poids des voyageurs jouait un grand rôle dans la propulsion de la machine; les descentes rapides étaient assez favorables à ce dernier système, quant aux montées...

Lors de la première course de voitures sans chevaux qui eut lieu entre Paris et Rouen (126 kilomètres) en juillet 1894, 102 voitures aux genres de moteurs les plus divers furent inscrites aux bureaux du *Petit Journal* qui organisait le concours, 25 seulement se présentèrent aux épreuves éliminatoires, 21 furent admises à concourir.

Aujourd'hui, les seuls agents employés en automobilisme sont la *vapeur*, le *pétrole* et *l'électricité*. Cette dernière force doit être

Caricature sur les progrès de la locomotion ; d'après une estampe anglaise en couleurs de 1828.

enmagasinée dans le véhicule, avant son départ, au moyen d'accumulateurs, les deux autres sont produites pendant le trajet.

L'électricité serait la force motrice idéale, car avec les dynamos, qui n'ont ni bielle, ni manivelle, on obtient un roulement égal, sans trépidations et il n'y a nul bruit, nulle odeur, nulle chaleur, désagréments encore un peu trop sensibles dans les voitures à vapeur ou à pétrole. La manœuvre des moteurs électriques est en outre très facile, et une fois les accumulateurs chargés, la machine est prête à la propulsion; malheureusement le poids des accumulateurs est considérable, et l'on ne peut prévoir la durée de leur fonctionnement, de sorte qu'il faut se trouver tout à fait à proximité d'une usine où l'on produit l'électricité pour faire recharger ou changer ses accumulateurs lorsqu'ils ont épuisé leur fluide.

Ce genre de locomotion reste donc réservé pour des parcours inférieurs, à moins de renoncer, comme le fit M. Bogard, à dépasser une vitesse moyenne de 12 kilomètres à l'heure. On doit à cet ingénieur la construction d'une voiture électrique, type *dog-cart* qui peut marcher pendant 10 heures à la vitesse que nous indiquons, mais son poids est d'environ 2.200 kilos!

Lors de la première course Paris-Bordeaux et retour (1.200 kilomètres) organisée en 1895, d'autres constructeurs, MM. Rechniewski et Jeantaud, accomplirent dans une voiture électrique la moitié du parcours, soit 600 kilomètres, au moyen de relais établis sur la route tous les 25 kilomètres; mais d'une façon générale, on ne prévoit ni l'agrément, ni la dépense d'établir des relais d'électricité comme jadis des relais de poste, et il est à craindre que la locomotion électrique ne donne des résultats satisfaisants tant qu'on n'aura trouvé

Voiture électrique américaine
D'après le *Scientific American*.

le moyen de se fabriquer de l'énergie en marche (1).

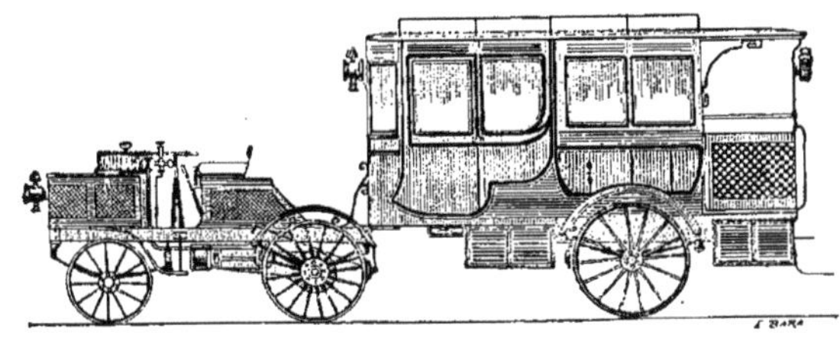

Tracteur à vapeur de Dion et Bouton.

Les *voitures à vapeur* peuvent atteindre une grande puissance et une régularité appréciable dans la locomotion. M. Scotte en a construit un type, pour le transport en commun, qui pèse 4.000 kilos (approvisionnement et voyageurs compris; ceux-ci au nombre de 12). Cette voiture routière peut en remorquer une autre, pesant 3.000 kilos avec son contenu de 24 voyageurs, soit un poids total d'environ 7.000 kilogrammes. Ce train franchit en une heure malgré son poids, des distances de 12 à 15 kilomètres. Les automobiles Scotte fonctionnent dans quelques-uns de nos départements entre des localités dont le peu d'importance ne nécessite pas l'installation, toujours coûteuse, d'un chemin de fer ou même d'un tramway (2).

(1) Bien que nous nous soyons interdit, vu la matière déjà considérable accumulée en ce volume, de parler de la locomotion sur voies ferrées, nous devons dire, à l'avantage de l'électricité, que cet agent de propulsion rend les plus grands services dans les voitures de transport en commun, dites *tramways*. Les tramways à accumulateurs qu'on voit dans Paris, sont, il est vrai, aussi coûteux que ceux à traction animale, mais dans les villes de France qui n'ont pas craint, comme Paris, d'enlaidir leurs rues, de les américaniser, en y faisant suspendre des fils électriques, les tramways recueillent le courant au moyen d'un trolley qui le propage instantanément dans leur moteur. Ce mode de traction est fort économique.

(2) Le prix d'un kilomètre de chemin de fer peut atteindre un chiffre colossal, s'il y a nécessité à établir des viaducs ou des tunnels; on a établi que son chiffre moyen est

MM. de Dion et Bouton ont également construit un tracteur qui s'attelle à n'importe quelle voiture dont on peut supprimer l'avant-train, les roues de devant. Cette machine est munie d'une chaudière qui, malgré son petit volume, est d'un rendement jusqu'ici

Omnibus de la maison Panhard et Levassor.

incomparable : 6 à 7 kilos de vapeur, par kilogramme de coke. Tracteur, personnel et approvisionnements du poids approximatif de 2.000 kilos peuvent être accompagnés d'une voiture de 1.200 kilogrammes à la vitesse de 20 kilomètres à l'heure; la consommation n'est que de 0 fr. 10 cent. par kilomètre. Un autre modèle

de 400.000 francs Un kilomètre de tramway, coûte de 20 à 30.000 francs, quelquefois plus.

de tracteur Dion et Bouton pèse 5.000 kilos et peut tirer un convoi
de 10.000 kilos, à la vitesse de 8 kilomètres à l'heure. Voilà qui
peut remplacer avantageusement les longues kyrielles de chevaux
que nécessite la traction des camions chargés de pierres de taille,
des voitures de déménagements, etc. Quant aux voitures de plaisance, elles ne gagnent nullement, au point de vue du coup
d'œil, à être remorquées par ces *chevaux d'acier*, s'il est permis
d'employer cette expression pour désigner de lourdes, trapues
et inélégantes machines.

Les véhicules qui portent leur générateur de force entre leurs
quatre roues, n'ont jusqu'à présent, rien à revendre au point de
vue de l'élégance; elles suscitent néanmoins dans l'esprit de qui
les voit filer leur train un sentiment d'admiration qui ne naîtra
jamais au spectacle d'une voiture
légère, tirée par un monstre pesant;
c'est pourquoi nous estimons que
les tracteurs de Dion et Bouton doivent être uniquement affectés au
transport des marchandises.

Un autre ingénieur, M. Maurice
Leblant nous permet d'apprécier une
voiture dont le mécanisme et la
charge forment un tout porté sur
quatre roues. La voiture de M. Leblant
rachète l'élévation de son poids, condition d'ailleurs inéluctable dans
toute automobile à vapeur, par la

Voiture à vapeur de M. Serpollet en 1892.

grande facilité de ses évolutions et par l'aisance avec laquelle elle gravit les côtes et se joue des routes les plus médiocres. Son moteur est du genre Serpollet, un nom qu'il faut retenir.

La locomotion à vapeur doit beaucoup, en effet, à l'ingénieur Serpollet qui, en 1887, inventa une chaudière se réduisant à une série de tubes aplatis en forme de C, communiquant entre eux et groupés au-dessus du foyer. On envoie dans ces tubes un peu d'eau, qui laminée entre des surfaces chaudes, se vaporise instantanément. Cette vapeur, très surchauffée, est excessivement puissante, et on en commande l'intensité selon qu'on envoie plus ou moins d'eau dans les tubes; l'injection se fait au moyen d'une pompe à main.

Avec le générateur Serpollet, on n'a plus à surveiller la marche du manomètre, du niveau d'eau, du thermomètre, etc. : ces appareils sont supprimés. Malgré cela, les chances d'explosion sont très réduites, car les tubes, très robustes, supportent facilement une pression de 94 kilos et l'explosion même de l'un d'entre eux serait sans danger.

Cependant la locomotion à vapeur a contre elle certains inconvénients. La nécessité d'un foyer allumé oblige à préparer celui-ci 20 minutes ou une demi-heure avant que le véhicule soit prêt à partir, ce qui, dans les cas pressants est intolérable; le temps requis pour atteler un cheval est beaucoup moins long, et il faut se dire que l'automobilisme doit l'emporter sur la traction animale à tous les points de vue. Puis un dégagement de chaleur assez considérable et fort incommodant en été, la fumée, le bruit, la nécessité d'emporter avec soi une grande quantité d'eau et de coke jointe à la difficulté et au souci de se réapprovisionner en route, tout cela constitue autant de désagréments.

A l'heure actuelle, les voitures automobiles à *pétrole*, sont de beaucoup celles qui réalisent le mieux le problème de la locomotion de plaisance. La légèreté, la régularité du moteur, la facilité

Voitures à deux places de la maison Panhard et Levassor.

de transporter un liquide léger et que d'ailleurs on peut renouveler partout — le pétrole étant d'un usage plus répandu que le coke, — la simplicité de la manœuvre, qui permet au plus ignorant dans l'art du mécanicien de diriger ces voitures, en font un genre de locomotion des plus pratiques.

M. Alphonse Berget nous a donné une simple définition du moteur à pétrole : « Ce moteur, dit-il, est basé sur l'utilisation, comme puissance motrice, de l'explosion en vase clos d'un mélange détonant formé d'air et de vapeurs de pétrole, dans une proportion déterminée. Ce mélange, en faisant explosion, produit un volume considérable de gaz chauds, et par conséquent, ayant dans un petit espace une pression considérable : cette pression est employée à pousser un piston dont le mouvement, par des bielles et des manivelles, se transmet à un arbre tournant : tel est le principe du moteur à pétrole. Avec lui, pas de chaudière, quelques coups de pompe, donnés à la main, suffisent à saturer de vapeurs combustibles de l'air qui passe sur une masse d'essence disposée dans un petit récipient appelé carburateur ; l'inflammation du mélange se fait par un bec incandescent ou par une étincelle électrique fournie par une petite pile ; le moteur est toujours prêt à partir, il est léger, il convient à merveille au service qu'on lui demande. Il est économique : 4 ou 5 centimes par kilomètres, avec une allure possible de 25 kilomètres à l'heure, et surtout *il est sans danger*. Aussi son succès est-il sans précédent. »

L'ingénieur wurtembergeois Daimler a été pour la locomotion à pétrole, ce que M. Serpollet fut pour la locomotion à vapeur. C'est en Angleterre où il vécut plus de vingt ans, que M. Daimler a construit, puis perfectionné à différentes époques, le moteur qui porte son nom. Les moteurs Daimler ou du genre Daimler sont adoptés par des constructeurs dont les noms, à la suite de courses retentissantes, sont devenus populaires, tels ceux de MM. Panhard et Levassor et Peugeot frères. Il suffit de rappeler que lors de la première course Paris-Bordeaux et retour, la voiture à deux places de MM. Panhard et Levassor (1) accomplit le parcours en

(1) M. Levassor est mort en avril 1897, des suites d'une chute qu'il fit lors de la course Paris-Marseille, septembre 1896.

48 heures, 47 minutes, soit au train de 25 kilomètres à l'heure, et celle de MM. Peugeot, en 54 heures 35 minutes. Aucune locomotive n'est, prétend-on, capable d'effectuer un pareil trajet (1.200 kilomètres) sans être obligée de se reposer et de laisser refroidir ses organes.

Un autre moteur très en faveur dernièrement est le moteur Benz, adopté par le constructeur Roger. Disposé horizontalement, il n'occasionne pas les trépidations auxquelles sont soumises à certains moments les voitures munies d'un moteur du genre Daimler, mais il est plus compliqué (1).

Les formes adoptées jusqu'ici dans la carrosserie

Voiture à deux places de la maison Peugeot.

des voitures à pétrole sont celles de presque toutes les voitures à quatre roues. Cependant on paraît avoir adopté de préférence la forme calèche, ou celle du phaéton et du vis-à-vis pour les voitures à deux places. Les voitures à trois et quatre places rappellent le type de la victoria ou du break auquel on peut adjoindre un pavillon en toile caoutchoutée. Le poids moyen de ces véhicules,

(1) Les perfectionnements apportés de jour en jour dans la locomotion automobile à pétrole ne nous permettent pas de nous lancer dans une énumération complète des différents genres de moteur, employés jusqu'ici, malgré que certains d'entre eux aient donné des preuves sérieuses de durabilité, tels les moteurs Duryea, Kane-Pennington, Delahaye, Pygmée, etc...

approvisionnement et voyageurs compris, varie entre 550 et
1.150 kilogrammes; leur prix, entre 4.500 et 7.000 francs.

Pour être plus en faveur que les voitures automobiles mues par
la vapeur ou par l'électricité, celles à pétrole ne sont pas exemptes
d'inconvénients. Nous-même qui proclamions il n'y a qu'un instant leur supériorité sur les voitures à vapeur devons avouer, que

Break à six places de la maison Peugeot.

ces dernières ont un avantage qui leur vaudra longtemps encore
des partisans : cet avantage est leur puissance *variable*.

Les moteurs à pétrole ont une puissance *constante*, un *régime*;
ils accomplissent à l'heure un nombre de tours qu'ils ne peuvent
dépasser, et comme la nature des routes et leurs inclinaisons sont
fort variables, on doit obvier à cet inconvénient en modifiant
l'action du mécanisme à l'aide de leviers. Les voitures à pétrole
sont généralement à quatre changements de vitesse, selon qu'on
doit rouler : 1° sur route en palier (plane); 2° sur pavé sans aspérités ou route légèrement montante; 3° sur mauvais pavé ou côte
moyenne; 4° sur route présentant une côte très prononcée.

La puissance variable des moteurs à vapeur permet au contraire de multiplier leur force d'une façon moins limitée, moins mécanique, si je puis dire, et de donner dans les fortes rampes, à

Tricycle de MM. de Dion et Bouton.

l'instar des chevaux, le coup de collier décisif. Cette élasticité dans la puissance de la vapeur constitue un précieux avantage.

Dans la catégorie des voitures à pétrole, celles de MM. Peugeot frères dérivent beaucoup de la construction des cycles. Le châssis qui supporte la caisse où prennent place les voyageurs est composé de tubes d'acier; les roulements sont à billes, les rayons des roues, en acier, les jantes sont munies de pneumatiques. Ces légers véhicules constituent le moyen terme entre les automobiles proprement dites et les motocycles. Les dernières voitures sorties des ateliers de la société Peugeot, sont, comme les voitures Roger, à moteur horizontal.

Les *Motocycles* se font généralement à trois roues. Nous avons vu plus haut que MM. de Dion et Bouton eurent les premiers l'idée d'appliquer la vapeur au cyclisme. Aujourd'hui les mêmes constructeurs utilisent le pétrole dans les tricycles sortis de leurs ateliers, et sans égaler la vitesse des puissantes voitures à quatre roues, ces sveltes machines, dans les courses où elles concoururent, ont toujours donné des résultats fort satisfaisants. (Paris-Marseille et retour environ 1.700 kilomètres en 83 h. 13 min., soit 20 kil. 40 à l'heure. Pluie et vent.) Le petit moteur à pétrole du tricycle de Dion est situé à l'arrière du véhicule, il s'allume électriquement au moyen de deux accumulateurs contenus dans une gaîne fixée sous le tube horizontal du cadre. Une paire de pédales permet au cavalier d'ajouter sa puissance musculaire à la puissance mécanique dans les passages difficiles ou les côtes prononcées.

Les tricycles de la maison Gladiator sont disposés autrement. Les roues parallèles sont directrices et placées à l'avant ainsi que le moteur. Le mécanisme est par conséquent sous les yeux du cavalier. De plus, le poids de celui-ci, portant uniquement sur la roue d'arrière, la pression se trouve également répartie sur les trois roues, ce qui n'en vaut que mieux pour les pneumatiques. Comme le tricycle de Dion, le tricycle Gladiator est muni de pédales qu'on peut actionner pour gravir les côtes. La même maison construit des quadricycles à disposition semblable.

Enfin, un ingénieur dont nous avons eu déjà à citer le nom, M. Bollée, du Mans, est l'inventeur d'un tricycle à pétrole connu sous le nom de *Voiturette Bollée*.

La voiturette Bollée est un tricycle-tandem. Outre l'avantage qu'elle possède de porter deux voyageurs et même quelques ba-

Tricycle Gladiator.

gages, cette machine présente une stabilité à toute épreuve. Ses organes sont fort simples et très apparents, sa manœuvre facile. La dépense en pétrole ne dépasse guère 2 centimes par kilomètre; elle est à trois changements de vitesse dont la plus grande assure une marche moyenne de 25 kilomètres à l'heure.

Tout, dans la voiturette Bollée, a été sacrifié à la pratique, rien malheureusement à l'élégance. La largeur, l'empâtement considérable de ce véhicule, l'abaissement de son centre de gravité qui ne se trouve, en marche, qu'à 40 centimètres au-dessus du sol, l'extériorité de ses organes, en font une manière de monstre, un monstre, il est vrai, merveilleusement docile et pratique.

De tout ce qui précède, il résulte que l'automobilisme est à même de rendre *actuellement* les plus grands services. Nous insistons sur le mot actuellement, car bien des personnes, fâcheusement impressionnées par l'énumération des défauts que tout publiciste averti doit attribuer à tel genre de moteur, s'imaginent que la locomotion mécanique, vu son introduction récente, est encore impraticable. Il est vrai que ce préjugé se fait plus rare, à mesure que les voitures sans chevaux se multiplient dans les rues de nos villes et sur nos routes de France, libres et préservées des rigueurs administratives, ce qui n'a pas lieu dans tous les pays, en Angleterre par exemple.

Sans parler des services que rendent actuellement au grand public les moteurs appliqués aux tramways, aux tracteurs sur route, aux fiacres, chaque jour nous voyons nos commerçants se féliciter de l'invention nouvelle, à mesure qu'ils adoptent, pour leurs livraisons, pour leur services de commis-voyageurs, des voitures sans chevaux. Quant aux touristes qui accomplissent, à leur gré, des parcours quotidiens de 100 ou de 200 kilomètres, demandez-leur si l'automobilisme est pratique, et pourquoi ils n'attendent pas les perfectionnements; vous verrez qu'ils ne dissimuleront pas leur envie de rire...

Et maintenant, nous ne saurions clore ce chapitre sans toucher à une question que l'on doit qualifier de brûlante, puisqu'elle a déjà soulevé nombre de discussions et mis bien des cervelles en effervescence; cette question touche à la fois au cyclisme et à l'automobilisme que l'on a voulu, sans motif sérieux, opposer l'un à l'autre.

Voiturette Bollée.

Cyclisme et automobilisme sont deux modes de locomotion, voilà tout le rapport qu'ils ont entre eux, et le second ne détrônera pas plus le premier que l'usage de la voiture n'a supplanté les promenades à pied.

Bicyclette et voiture sans chevaux peuvent coexister, accomplir

sur route leur course parallèle, et c'est, à leur sujet, la seule façon de parallèle qu'on puisse aventurer.

Selon le mot, pas très correct, mais assez frappant, qu'on a
écrit maintes fois, le cyclisme est un *sport*. l'automobilisme est
un *transport*.

Dans le cyclisme, l'homme *joue* de tous ses organes locomoteurs et met également en jeu toute l'énergie dont il dispose : énergie musculaire, énergie morale. On sait que cette dernière est
précieuse aux cyclistes coureurs, et pour beaucoup d'entre eux,
le facteur du succès. Des expériences au dynamomètre et des ana-
lyses médicales ont établi que le gagnant d'une course de fond était
parfois *le plus fatigué*, mais que sa ténacité, accrue en raison inverse de ses efforts musculaires le maintenait pour ainsi dire en
selle jusqu'au point d'arrivée.

Ne se sentir en contact avec le sol qu'au moyen d'un étroit pneumatique, tracer à la rigueur son chemin dans une ornière, fendre
l'air en équilibre et en vitesse : phénomènes qu'on crée par sa
volonté propre, changer brusquement son allure ou sa direction
d'une pression sur les pédales ou d'un coup de guidon — j'al-
lais dire d'un coup d'aile, comme le fait l'oiseau, — avoir toujours
un temps de satisfaction à la suite de l'effort des muscles, tels
sont les charmes que connaît seul le bicycliste. Ajoutons qu'à sa
monture, de loin en loin une goutte d'huile suffit.

Pécuniairement, l'automobiliste dépense beaucoup plus, mais
son passif musculaire est nul : l'automobiliste se fait porter, et il
est évident que sur de longs parcours, il battra tous les champions du cyclisme. Mais indépendamment de toute question d'en-

durance et de vitesse, la locomotion mécanique est de tous les âges et de tous les sexes : elle est par excellence le mode de tourisme qui convient aux femmes — accompagnées d'un sportman pour la conduite du véhicule, — moyen qui permet à toutes de goûter, sans les préoccupations du mécanisme, les charmes du voyage.

TABLE DES MATIÈRES

Pages.

Introduction... VII

Chap. I. — Les voies de communication................................ 1

Chap. II. — Les moteurs animés. — L'homme............................ 15

Chap. III. — Le cyclisme... 49

Chap. IV. — Les moteurs animés. — La bête............................ 81

Chap. V. — Les voitures particulières affectées au transport des personnes ou des
marchandises... 151

Chap. VI. — Les voitures de voyage pour le transport en commun....... 189

Chap. VII. — Les voitures de louage à itinéraire variable............ 223

Chap. VIII. — Les voitures de transport en commun dans les villes.... 243

Chap. IX. — Les moteurs animés. — Automobiles et motocycles.......... 265

Table des matières... 287